とにかくメンタル強くしたいんですが、どうしたらいいですか？

心理カウンセラー
下園壮太
Souta Shimozono

サンマーク出版

もっとメンタルが強かったら……

もっとメンタルが強かったら、
他人に振り回されず
自分の意見を貫けるのに……

もっとメンタルが強かったら、
仕事がどんなに忙しくても、
プライベートには引きずられず
家族や友人と充実した休日を
楽しめるのに……

もっとメンタルが強かったら、
嫌な仕事はきっぱり断って、
自分のために時間を使えるのに……

もっとメンタルが強かったら、
あの人みたいに、
みんなから信頼される
完璧な人になれたのに……

なんで私はいつも、
周りの声に流されて、
自分で決められず、
いつも不安で、
嫌われたかなとか
うじうじ考えてしまうのだろう。
なんでずっと、
うっすら生きづらいのだろう。

ウーン
ウーン
ウーン
あ、なんでもないです…
ん―…これで良いヨ
ムリです
モヤモヤ

ああ、もっとメンタルが強かったら……

教えて先生!!
私、とにかくメンタル強くしたいんです!

教えましょう

「とにかく」
メンタル強くしたい、
と思っていると
あなたのメンタルは
弱くなります。

（え、そんな……）

とにかく
メンタル強くしたいんですが、
どうしたらいいですか？
目次

はじめに

「ああ、もっと早く知っておきたかった」

これが、取材を終えた私の正直な気持ちです。

私は、40代のフリーライター。かれこれ約20年、「取材して原稿を書く」という仕事を続けています。とある大手出版社に常駐していたこともあります。

こんな形の自己紹介をすると「バリバリ働く自立したキャリアウーマン」という印象を与えてしまうかもしれませんね。でも、ちょっと待ってください。

実は私、この5年ほどずっと〝生きづらさ〟を感じていたんです。

生きづらいと言っても、心療内科に通うほどでもない。

でも、なんだかうっすら生きづらい。


20代、30代の頃は、多少徹夜しても、元気でいられました。たとえそのときしんどくても、校了したら、達成感を味わえ、やりがいもあった。

でも今は毎日、いや毎分、毎秒、追い立てられているような気持ちです。

もちろん、私も一応はプロのはしくれ。目の前の仕事は、責任を持ってこなしてきました。

でもほんとうは心も体も、正直しんどい。

休日くらいは自分の好きなことを心から楽しみたい。

そんな自分の気持ちにこの取材を通して気付くことができました。


やっかいなことに、この手の悩みって相談しづらいんですよね。

だって、そもそも好きで始めた仕事だから。好きなことを仕事にできたのに、しんどいから「休みます」とか「やめます」とか言うのは、ちょっと贅沢な気がしてしまいます。それに、仕事が面白くないわけではない。「断るなんてもったいない」という心理が働いてしまいます。知り合いに相談しても、

「私もそういう時期があった、でもそこでがんばったからこそ今がある」

「みんなしんどくてもがんばっているんだよ」

と言われ、「確かにそうだよね」と思いながらがんばってきました。

何より、私の立場は不安定なフリーランス。

「自由気ままに仕事を請けたり断ったりしていたら、他の人に仕事を奪われてしまう」

そんな恐怖もあります。そもそも会社員時代から私は断るのがとても苦手。

「私が断ることで、相手に迷惑をかけるだろう」

「私の評価を、確実に下げてしまうだろう」

こんな思いがグルグル……。

とはいえ、心身の健やかさを失ってしまっては元も子もない……。

ああ、もっと私のメンタルが強かったら……。


下園先生の存在を知ったのは、このように気持ちに揺れ動いていたときのこと。知り合いの編集者さんから「こんな先生がいるんだけれど、取材してみませんか？」と紹介されました。その経歴を聞いた瞬間は驚きました。だって「防衛大卒の元自衛隊メンタル教官」！　パワーワードが多すぎて、ちょっと引いたほどです。

「きっと、たくましくてマッチョな人なんだろうな」

「メンタル強くしたいなら筋トレ！　筋肉は裏切らない！　なんて言われそう」

などと、ひとりで勝手にイメージをふくらませていました。

ところが、お会いした下園先生は、〝マッチョ体型〟から程遠い〝スリム体型〟。

それに物腰も柔らかく、ソフトでお優しい印象だったのです！

何より衝撃を受けたのは、先生ご自身にもうつの体験があったこと。

「この先生ならきっと、わかってくれる！」

本書は、そんな先生に1か月間、計5回にわたり取材したものをまとめた本です。毎回、取材終わりにメンタルを強くするために次週までにやってくる「宿題」を出してもらいました。この本は2時間もあれば読めますが、じっくり自分の心と向き合っていきたい人は、ぜひともこの宿題をやってみていただければと思います。

「このままではメンタル弱くなりますよ」

といきなり出鼻をくじかれて始まった取材ですが、終わってみると、この5年感じていた〝生きづらさ〟の正体がはっきりして、生きることの楽しみを感じられる希望が湧いてきました。少しでも今、生きづらさを感じている人が、同じように希望を持てますように。

では、ほんとうの意味でメンタルを強くするために、先生に話を聞いていきましょう!

本書に登場する人

下園先生

元自衛隊メンタル教官の心理カウンセラー。1959年、鹿児島県生まれ。82年、防衛大学校を卒業後、陸上自衛隊入隊。陸上自衛隊初の心理幹部として、自衛隊員のメンタルヘルス教育、リーダーシップ育成、カウンセリングを手がける。大事故や自殺問題への支援も数多く、現場で得た経験をもとに独自のカウンセリング理論を展開。
2015年に退官し、その後は講演や研修を通して、独自のカウンセリング技術の普及に努める。NHKやJ-WAVE、NewsPicksなど、テレビ、ネットでも活躍。

ライター 高木

40代のフリーライター。
ウェブメディアの編集や雑誌記者として活躍。仕事は激務でも校了後は達成感があり、休みの日も仕事のために使う日々を送る。20代、30代はそんな山盛りの仕事をこなす日々が楽しく、やりがいも感じていた。しかし、40歳を超えて、昔ほどがんばれなくなり、異変が……。他人とすぐ比較してしまう性格。自己肯定感低め。

序章

なんで私は
メンタルが
弱くなるんで
しょうか？

心をほんとうの意味で強くする方法

あの……なんで私はこのままだとメンタル弱くなるんでしょうか？　「心を強くしたい」って聞いて、いきなり「弱くなりますよ」だなんて、ひどくないですか!?

すみません。高木さんがとてもいい質問をしたので、いきなり、ほんとうのことを言ってしまいました。

ほ、ほんとうのこと!?

はい。この本では、私が今まで、さまざまな心の悩みを抱える人たちのサポートをしてきて実感したことを、嘘偽りなく、正直に話します。みなさん、「とにかくメンタルを強くしたいんです」って言うんです。

だって、メンタル強くしたいんですもん！　今の時代、とても大事じゃないですか。〝メンタルがすべて〟と言っても過言ではない気がします。

はい、おっしゃる通りです。ポイントは〝とにかく〟です。まず、「心を強くしたい」「メンタルを強くしたい」とおっしゃる時点で、高木さんは、「心が弱い人」「メンタルが弱い人」と自分で思っていますね。だから強くしたい。

はい、そうですね。メンタルさえ強ければ、こんな生きづらさを感じずにすんだんじゃないかと思います。

そこですね。

ど、どこですか？

とにかくメンタルさえ強くなったら、人生超ハッピーって思っていない？

ちょっと思ってます。超ハッピーにとまでいかなくても、もっと私のメンタルが強ければ……。

強ければ……？

……。

じゃあ、本題に入りますよ。みなさん、**メンタルについて幻想を抱いているんです。大げさに言えば、メンタルを強くしたらスーパーマンみたいになれると思っている。鋼の心みたいなのがあって、それさえあれば、最強になれる、無敵になれると。**でもそれは仕方がないんです。心は目に見えないから。どうしても幻想を抱きやすい。

自覚はなかったですが、確かに鋼の心みたいなのがほしいと思っていました。スーパーマンになれないんですか？

はい、なれません。てか、スーパーマンって何ですか？（笑）

（笑）でも、これさえやれば、最強のメンタルを手に入れられますよ、みたいなのってありませんか？　ほら、先生は自衛隊のメンタル教官だったわけですから、自衛隊で教えていた極秘プログラムみたいなのを教えてください！

いいですね〜！　そういう魔法のような「これさえやれば」というのを求める人が、まさしくどんどんメンタルが弱くなる人の特徴です。

メンタルがどんどん弱くなる人と、メンタルがどんどん強くなる人

ええ、どんどん弱くなるんですか……。

そうですね。負のスパイラルです。書店の自己啓発コーナーに行けば、「1分で幸せになる」とか「1分で不安が消える」と謳った本ってたくさんあるじゃないですか？　ああい

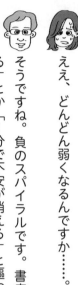

う本って、実際に幸せになったり、不安が消えたり、するんです。でも正確に言えば、幸せになった気がするだけなんです。**自己啓発本っていうのは、あくまでも、〝栄養ドリンク〟なんですね。栄養ドリンクって飲むと疲れが消えたような気になりますが、ほんとうに疲れが消えたわけではない**んです。

それ、すごくわかります！　自己啓発本読んで、そのときはすごくやる気になるんですが、1か月、いや、1週間もすれば、元に戻って、別の本を……。

栄養ドリンク的な自己啓発の本も意味がないわけではないです。「ここぞ！」というとき、元気を出したいときに飲むのは確かに効果がある。でも根本治療ではない。この本ではそれを目指しません。そういう本のほうが売れるかもしれないですが……。

今まで私は自己啓発本をいくつか読んで、なんで私は、何冊も本を読んでいるのに、変われないんだろう、って思ってました。

まさしくそれです! 今、すごくいいこと言いましたよ!

え? 何がですか?(笑)

今、「なんで私は変われないんだろう……」と自分を責めましたよね？

自分を責めている意識はあまりなかったです……でも「変われない私、ダメだな……」って自分で思ってます。

「自分責め」というのが大事なポイントです。これが自分で自分のメンタルを弱くしている原因でもあります。

自分で自分のメンタルを弱くしている？

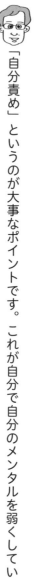

はい。メンタルが弱っているから「メンタルを強くしたい」と思いますよね。そこで「心の強さ」「メンタルの強さ」について、明確な基準を持っていない状態で、やみくもに「なんでメンタル弱くなるんだろう」「メンタルを強くする方法を知りたい」とあがき、魔法のようなものを求め、しんどくなる。

ああ！　そうです！　なんで私はもっと、〝みんなみたいに〟〝昔みたいに〟がんばれないんだろう、って思っていました。

そのとき、つらかったでしょう? だって、基準(ものさし)がないところで、もがいているわけですから。**スーパーマンにはなれないのに、スーパーマンになろうとして、なんで「私はスーパーマンになれないんだ」って嘆いている状態です。**

そうすると「私は何をやってもダメだ」という「自分責めモード」に突入していくわけなんです。

ゴールなきメンタル強化は、「害」になる？

ええー！　すごくバカじゃないですか。

そういうことが、メンタルは目に見えないから、起こるんですよ。高木さんは、大谷翔平選手はご存じですか？

もちろん！　今の日本で大谷翔平選手を知らない人はいないです！（笑）

大谷選手が高校時代に使っていた目標達成シートというのがあるんですが、そこに〝メンタル〟という項目があるんです。

（スマホで検索して……）あ、これですね！　９マス×９マスのシートに書いている。

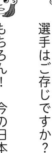

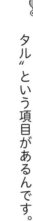

そうです。そうです。そこには「頭は冷静に心は熱く」「雰囲気に流されない」「一喜一憂しない」など、具体的な目標が8個書かれています。このように大谷選手が書けるのは具体的に「自分に必要なメンタル」がどういう状態かイメージできているからなんです。このように具体的にイメージできていれば、何か失敗をしたとしても、「今日は雰囲気に流されてしまったな」と反省をして、次に生かせます。自分責めモードになることは少ないでしょう。

今思い返していたんですが、私、自分責めモードよくなるんです……。

自分責めモードには、実は大きな弊害があります。「自分ってダメだなぁ」という罪悪感が湧き上がってしまうため、自信がなくなったり、自己肯定感が低くなったりしてしまうんです。すると、心はどんどん弱っていく。今の高木さんは、すでに心が弱っている状態だと思うので、仮に具体的な目標を立てたとしても、自分責めのサイクルから抜け出せないでしょう。

ひぇー、それは困ります。

今、もしかして具体的な目標を立てて、がんばろうとしていませんか？

はい！　大谷選手みたいに私もメンタル鍛えようと！

何でもすぐにチャレンジしようとする姿勢は買いますが、高木さんの場合、すでに「自分責めモード」に入っているのでちょっと危険です。具体的な目標を立てても、できない自分にばかりフォーカスして、また自分を責めてしまい、さらに心が弱ってしまいます。

負のループですね。メンタル鍛えようとがんばって、また落ち込んで……より一層弱っていくなんて。しかもその理由が、「他人」じゃなく、ほかならぬ自分自身にあるなんてなんだかバカみたい。この負のループから抜け出したいです。ちなみに、どんどんメンタルが強くなる人ってどんな人ですか？

それは、**〝大人の心〟を持っている人**です。

あなたの心は大人の心？　子どもの心？

おとなのこころ？

はい。高木さん、「心が強い」「メンタルが強い」って聞いてどういうことをイメージしますか？

そうですね。難しい仕事をバリバリこなして、何があってもめげずに、毎日的確な判断を下しているイメージでしょうか。急に仕事を振られたり、大きなトラブルがあってもめげずに、スマートな顔をするイメージです。

簡単に言えば、ガマン強い感じ？

そうですね、簡単に言うとそんな感じです。

多くの日本人がイメージするのは、その〝我慢強い〟〝忍耐強い〟といったことなんですが、こういう強さのことを僕は「子どもの心の強さ」と呼んでいます。

子どもの心って聞くと、「天真爛漫」とか、「裏表がない」みたいなイメージしか浮かんできませんが。

そうですよね。ここで言う「子どもの心の強さ」とは、「子どもの頃に大人から植え付けられた〝人間とはこうあるべき〟」みたいなものだと思ってください。子どもの頃は、がんばればがんばっただけ、能力も体力も精神力も伸びていきます。この時期に多くの大人は「我慢しなさい」「ひとりでやるのが大事」「苦しくても逃げない」「最後までやりきる」「人に頼らず迷惑をかけない」と子どもに言い聞かせます。特に日本では。小学生の頃、親や先生から、こんなふうに口うるさく言われた経験はありませんか？

あります！　あります！「人の3倍がんばれ」とか。今でも不思議と覚えています。

特に勉強は、このような姿勢で取り組めば、結果が出やすかった。そして「えらい」と評価された。

確かに。がんばれば確実に「褒められる」「報われる」世界ですよね。

そうそう。これって、簡単に言えば、大人にとって（組織にとって）扱いやすい人になるための指導だったんですよ。

ええ。

昔はこれでよかった。経済が成長している時代は、みんなと同じように努力していれば幸せになれた。ところがどっこい、社会に出ると、努力や我慢だけではうまくいかないことが、急に増えますよね。たとえば恋愛。これは相手ありきのことですから、「努力」だけでなんとかなるものじゃない。ビジネスだって、この予測不可能な時代に、がんばれば成果が出る時代ではなくなった。

【「子どもの心」とは】

・〝我慢強い〟〝忍耐強い〟
・大人から植え付けられた〝人間とはこうあるべき〟
・昭和の時代に合った価値観
・硬い心。ポキンと折れてしまうことがある

うつで破綻するのは、メンタルが相当強い人

わかります。相手に振り向いてもらおうと思っても、相手がすでに誰かと付き合っていたら、パートナーに選んでもらうことなんて難しい。一般論ですが。

恋愛以外の局面でも、「絶対評価」ではなく「相対評価」になってしまうことが増えてきます。これはたとえ話ですが、職場でがんばって評価を積み重ねていても、後から優秀な人

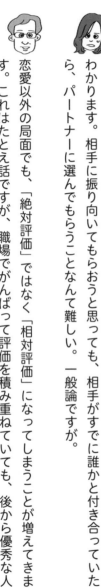

が多く入ってきた場合、突然リストラ候補になる可能性だってゼロではないわけです。人事異動で上司が代わって、パワハラを急に受けるようになった、ってことも起こります。

はい、よくわかります。

リストラにならなくても、今回の新型コロナウイルスの流行みたいなことがあって、急に売り上げがガタ落ち。航空業界を目指していたのに、採用試験がなくなった。なんてことがありますよね。東日本大震災やリーマンショックのときも、内定取り消しになった例は少なくありません。さらに言うと、いくら仕事が順風満帆であっても、体調を突然崩したり、親を介護せざるをえなくなったりで、仕事を休まざるをえなくなることもある。不慮のダメージを受けたとき、本能は「まずは休め、休んで態勢を立て直せ」と言ってきますから。

へえ、本能が「休め」と指令を出すわけですか？

そうなんです。疲れた体を休ませようとして、疲労感が強くなったり、うつっぽくなっ

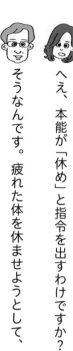

たりするんですよ。でも「子どもの心」が強すぎると、その人はせっかく発せられている自分のSOS信号をスルーしてしまうんです。「こういうときこそ！」とがんばろうとし、「ひとりで切り抜けよう」と、人の援助を受けるチャンスを逃します。

あちゃー、ちょっと自分と被るところがあって耳が痛いお話です。

もちろん、がんばること、努力することは、大事です。ただこの「子どもの心」だけを持っていると危険です。高木さんがもし、友人がSOSを発していたらどうしますか？

もちろん、助けます！

ですよね。でも、子どもの心の強さって、自分のSOSに対して、「もっとがんばらなきゃ！」「まだまだできる！」と突き放すようなことをしてしまうんです。子どもの心は自分に厳しい。

それはひどいですね……。逆に先生の言う「大人の心」を持っているとどうなるんですか？

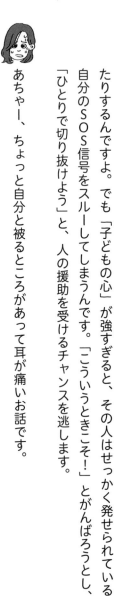

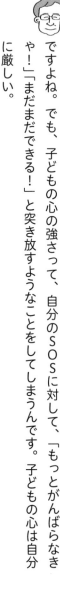

大人の心を持っている人は、自分の身体が発するSOSをちゃんと汲《く》み取って、いたわります。先ほど高木さんは、友人がSOSを発していたら、助けます、とおっしゃいましたが、大人の心を持った人はまさしく友人に接するように自分にも接します。

なるほど。でも、先生は先ほど、大人の心を持っていると「心がどんどん強くなる」とおっしゃいました。SOSを汲み取ると確かに、そのときは回復すると思いますが、どんどん強くなることはないですよね？

もう少し大人の心について詳しく説明しますね。子どもの心は〝こうあらねば〟という固定観念で凝り固まった「固い心」です。それに対して、大人の心は「柔らかい」。

柔らかい？

はい。大人の心は柔軟な心です。メンタルの一時的な強さを目指すのではなく、長期的な強さを目指すのであれば、この「柔らかさ」が大事になってきます。固い心っていうの

は、強そうに見えるのですが、意外と簡単にポキンと折れてしまうんですよ。周りから見て、とても丈夫そうなエリートが、ある日突然会社に行けなくなり「うつ」と診断された、ということはよくあります。

あ、その話は聞いたことあります。以前勤めていた会社でも〝なんであの人が〟と思うような人がうつになったことがありました。

高木さん、ちなみに、うつになる人って心が強いと思いますか？　弱いと思いますか？

え、そりゃ、弱い人じゃないんですか？

実は、強い人がなるんですよ。正確には、「子どもの心」が強い人ですね。

なるほど。大人の心ではなく、子どものほうですね。

心が強い（我慢強い）からこそ、たくさんストレスを抱えてもうつになるまでがんばれる

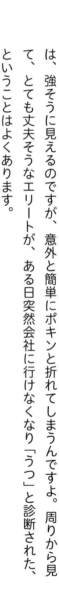

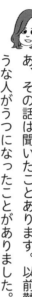

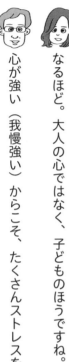

んです。抱えきれないストレスがたまって、体調が悪くなって会社を休んだり、そのストレスの発散先として、行動に出る人もいます。異常な行動をとり、犯罪を犯してしまう人もいます。人間関係が破綻してしまう人もいます。でも、うつになる人は、体調も悪くならず（悪くなってても無視しているケースも多いですが）、異常な行動もとらずに、我慢して（できて）、最終的にうつになる。うつになるのは、心が弱いからではなくて、心が（子どもの心という意味で）強いからだと思ってください。

なるほど。

たとえばですが、会議で自分の意見が理不尽に否定されたとき。誰でもイヤな気分になり「こんな話し合い、もうやめてやる！」とすぐに会議室を出ていきたくなるでしょうが、そんな気持ちを完全に抑え込んでしまうのが子どもの心です。

え、それって大人ですよね!?

そうですね。正確に言うと子どものときにイメージする「我慢する（できる）大人」です。

それに対して、「ああ、そうですか」とのらりくらりと受け止めて、自分とは異なる価値観があることを認め、自分を許し、いたずらに自信を失うことなく自分を励ましていくことができるのが、「大人の心」です。

あっ、私がほしいのは、それです。「大人の心」です。でも、先生。まだわかりません。どうして、大人の心を持っていると、どんどんメンタルが強くなるんですか？

メンタルが強い人というのは、自分に対する理解が深いです。「自分は緊張に弱い」とか「圧が強い人は苦手だからできるだけ避ける」や「睡眠が足りないとすぐメンタルがボロボロになる」など、自分の心に対する理解が深いと〝対策〟ができます。

なるほど。

これに対して子どもの心が強い人は、すべてを〝がんばり〟で克服しようとする。メンタルの強さってストレスに対する「対処力」と「我慢力」の総和なんです。だから、がんばること、我慢できることも大事。ただ、子どもの心だけの人は結局「対処力」を伸ばせない

のです。我慢には限界がありますから、強そうにしていてポキンと折れる。そして折れても原因は「自分の努力と我慢が足りなかった」の一択。自己理解にはつながりません。一方、大人の心があれば、トラブルを経験するたびに等身大の自分を知り、対応力を磨いていけるのです。

「努力と我慢が足りなかった」の一択の原因分析……、私です……。

先ほど、自分に対する理解が深いと対策ができる、という話をしましたが、自分の理解を深めるともうひとつできることがあります。何かわかりますか？

え、何ですか？　全然見当もつきません。

いい意味であきらめることができるんです。

えーっと……何をあきらめることができるんでしょうか？

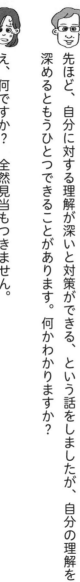

がんばってもどうしようもないことを、がんばらずに、あきらめることができるんです。ひとつの考え方に「しがみつかない」。がんばってもどうしようもないことをがんばるのって、とても苦しい。がんばってもどうしようもないことをがんばっている状態の人は生きづらさを感じているはずです。

【「大人の心」とは】
・柔軟な心
・ひとつの考えにしがみつかない心
・自分の心について理解が深い
・自分の味方になってくれる

あ、さっきのスーパーマンの話と似ていますね。

そうです。そうです。

柔らかな心、大人の心を持っている人が、どんどん心が強くなる、というのは理解できま

した。どうして、私はいい年をして、「子どもの心の強さ」しか持ち合わせていないんでしょう？　恥ずかしすぎる……。

そのための訓練を、あまり積んでこられなかったからです。よくも悪くも現代はそういう時代なんです。たとえば、ひと昔前は、子どもは成長する中で自然と「大人の心の強さ」を身につけていくことができました。それは「農作業」を手伝ったり、農作業をする大人の姿を間近に見たりしてきた経験が豊富だったから。農作業というものは、すぐには成果が出ませんよね。年単位でじっくりこつこつとやるしかない仕事で種をまき、苗を植えて、ようやく収穫できるかなという頃に台風がやってきて、ほとんどの作物を奪っていく。そんなことも珍しくありません。

そうですね。せっかくがんばり続けてきたのに、心が折れますよね。

それでもあきらめずに、翌年も種をまく大人の姿を見て、子どもは「人生の理不尽さ」や、ようやく収穫した作物をみんなで分かち合うことの意味を知ることができたわけです。

でも現代では、そういった経験って、ほぼゼロでしょう？　単純なたとえですが「ロールプレイングゲームで遊び始めて、思うようにいかなくなったら、リセットボタンを押せばいい」。そんな安易な思考グセがついている人たちが、多いんです。苦労を生身で体験したり、理不尽な目にあったりする経験を積めない場合、「子どもの心」のまま大人になり、いざ社会に放り出された途端、人間関係はじめ、「理不尽な事柄」に耐えられなくなる、というわけです。

なるほど。就職してから理不尽な目にあっても「ちょっと遅い」というわけですね。

うーん、遅いというわけではないのですが「遅い」よりは「早め」に「理不尽さを切り抜ける経験」を積むことができれば理想的ですよね。とはいえ、「理不尽さ」につぶされてしまう危険性もありますから、その塩梅が問題なんですが。ただ、人との生身のコミュニケーションが、理不尽さを乗り越え、しぶとく生き抜く能力を磨いてくれるのは間違いありません。

そうか……。SNSだったら、「イヤな人」はブロックして終わりですが、現実社会ではそうもいかないですもんねぇ。

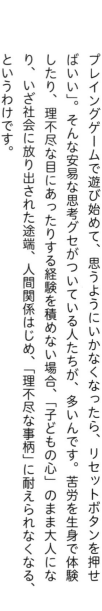

はい。だからこそ、「大人の心が育まれる」というわけです。

先生、私はいったいどうすればいいんでしょうか。40半ばにもなって、今から「大人の心」を手に入れたいだなんて、間に合いますかね？

もちろん。あと、誤解をしないでくださいね。高木さんのこれまでの人生を、僕は否定しているわけじゃありませんから。高木さんも、あなた自身の「子どもの心」の強さを全否定する必要はありません。「子どもの心」「大人の心」、どちらも、高木さんを守るために発動される、必要なものなんです。ただ、「子どもの心の強さ」ばかりにこだわっていると、疲れたときに休養できないばかりか、「自己嫌悪」「自責感」「自信の低下」が加速し、自分を許せなくなってしまうから気をつけてほしいんです。

「自己嫌悪」「自責感」「自信の低下」が加速？　ヤバいです、それ全部、私に当てはまっています（笑）。

カウンセリングの場では、まずは心の奥底に眠っている、その人自身の「子どもの心の強さ」を認識してもらいます。さらに、その力を少しずつゆるめながら、「大人の心の強さ」を身につけていくトレーニングを行っていきます。たとえば、つらいことを口に出して表現することが苦手だった人も、トレーニングを積めば、臆することなく話せるようになります。大事なのは、焦らないこと。それに尽きます。

わかりました。じゃあ、ここまでをまとめると、「がんばればなんとかなる」と思っているうちは、「子どもの心の強さ」しか持てていないということでしょうか？

そうですね。正確には、「自分さえがんばれば、なんとかなる」でしょうか。自分さえがんばればいい、と思っていると、どんどん自分で我慢して、抱え込んでしまいます。子どもの頃から、「自分が我慢すればいいんだ」という考えをずっと持ち続け、たとえ50代でも、60代になっても持っている人はいます。なぜなら、今は、よくも悪くも近代化、文明化が進みすぎて「子どもの心の強さ」だけでも暮らしていけるようになっているんですよ。たとえばお金が少しあれば、人と助け合ったりしなくても、食料を調達して、それなりにおいしいものを食べて生きていける。また、お金を稼ぐことも、昔に比べれば手軽です。農

業や漁業のような第1次産業に従事していれば、天候に振り回されることも多いのですが……。

「理不尽」を知る体験が、もっと必要ってことですか？

そうですね。「ちょっとやそっとの努力で、手軽に報酬を得たい」と思っているうちは厳しいでしょうね。それこそ「正解」がない中で自分なりの最適解を探す経験が必要なんです。たとえば「米は競合の農家が増えて値崩れしてきたから、メロン栽培に切り替えよう」とか、それくらい高いレベルで、自分で判断を下す練習をしなきゃいけないんです。

それは、かなりハードルが高い話ですね。

たとえ話ですけれどもね。混沌とした状況の中で、他人に頼らず「自分で判断したことがうまくいった」という成功体験を積めると、自信は当然アップします。それに「大人の心の強さ」も鍛えられますよね。

なるほど。「大人の心の強さ」「子どもの心の強さ」、よくわかりました。

それはよかった。とにかく、大人の心を身につける、つまり心を柔らかくするためには、この心のメカニズムについて理解することが大事ですから。でも、急に「今から大人の心を目指します！」って張り切りすぎなくていいですからね。それでは逆効果になっちゃいますから。

ドキッ。見透かされてる……。じゃあ、なぜ逆効果なんですか？　だって、「子どもの心の強さ」から「大人の心の強さ」に、なるべく早めに切り替えたほうがいいはずでしょう？

高木さんは、そういうところががんばり屋さんというか、優等生気質が強い人なんですよ。これはもちろん、いい意味で言っています。でも、そういう人はえてして、標準よりもがんばりすぎる傾向が強いので要注意です。「絶対にこうなってみせる！」と完全を目指しすぎるのも、「子どもの心の強さ」の表れです。

それに高木さんは自分で自分を「心の弱い人」だと思っていると思いますが、そんなことはありません。今心が弱い状態にあるだけです。もともと心が弱いわけではありません。

まああまりあわてず、まずは4週間、大人の心の強さを身につけるために、心に対する「理解」を深め、少しずつ心が変わっていく体験をしてもらいます。

まずは、来週までの宿題を出しますね。自分を理解するためのちょっとした宿題です。

この1週間、自分がどんなときに、どんなことで〝自分を責めているか〟を観察してみてください。余裕があればメモをとるのもいいでしょう。読者のみなさんも、この本をじっくり読みたい人は取り組んでみてください。

次週までの宿題

（この本をじっくり読みたい人向け）

□ 自分が自分にどんなダメ出しをしているか観察して記録してみる。

ex 「今日もムダな時間すごしちゃった。ダメだな〜、私。」

第1章

実はそれ、ただの疲労です！その疲労がやっかいなんです。

〜今のメンタルの状態を理解する〜

自然に触れてリフレッシュが逆効果⁉

高木さん、こんにちは。今回もよろしくお願いします。

先生！　「気分転換に自然に触れるといい」「自然に触れるだけでストレスが軽減する」ってよく言うじゃないですか。あれって嘘ですか？

突然どうしたんですか？　でも、とてもいい質問ですよ。世間一般によく言われる「メンタルにいいこと」が効く場合と効かない場合があるんです。

え、そうなんですか！

そうなんですよ。みなさん、よく勘違いされます。運動することや自然に触れることがメンタルにいいと思って、外に出て、落ち込んで帰ってくるパターンはよくあります。

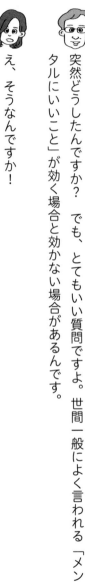

まさしくそのパターンです。先週の宿題ですが……自分にダメ出ししまくりでした。

ということは宿題をやってきてくださったんですね、ありがとうございます。この章は〝「今の自分のメンタルの状態」を理解する〟章にしたいと思います。そのための、宿題でもありました。自分がどんなことで〝自分を責めているか〟この1週間注目してもらいました。読者のみなさんもこの1週間を振り返りながら読んでもらえればと思います。でも高木さん、なんかお疲れですね。今週も相変わらず、お仕事がお忙しかったかな。

はい、仕事が立て込んでいるところに、さらに急な仕事が舞い込んでしまって。だから、ほんとうはがんばらなきゃいけない時期なんですけれど、なかなか思うようにがんばれなくて。もう自己嫌悪の1週間でした。

このご時世、忙しいのは大変結構なことなんですけれどもね、疲れている方にとって、忙しさってものは予想以上に負担になりますから、ほんとうはよくないんですよ。

はい……。いっぱいいっぱい考えて、なんだか「闇が深くなった」っていう表現がぴったりの1週間でした。

「闇」ですか。それは大変だ。まずは、この1週間のことを話してみてください。話したくないことがあれば、話さなくてもいいですよ。話してラクになりそうだと思ったら、ぶっちゃけてみてください。話すだけでも心がラクになりますから。

ありがとうございます。実はですね、自分がどんなダメ出しをしているか、を続けるほど苦しくなってしまったんです。なぜかというと、毎日自分の「ダメだなあ」と感じるところばかりが気になりすぎて、「いろんなことができない自分」がイヤになって……。

確かに、先週課題をお伝えしたときは、「自分が無意識のうちにダメ出ししたくなるポイント」を観察してみてくださいとお伝えしました。でも、「ダメだと感じることを観察し始めたら、苦しくなりすぎてしまった」という感じでしょうか。

はい。でも1日目は、「ダメだ」と感じることは何もなかったんです。次の日からいろん

な出来事が重なってしまって。弱りっぷりに、自分でも驚いてしまいました。時間の流れに沿って、お話を聞いていただいてもいいですか？

もちろんです。無理のない範囲で、ゆっくり聞かせてください。

変化を感じたのは2日目からです。自分のことをどんどん「ダメだなあ」と感じるようになってしまいました。まず朝、起きてから体がなかなか動かず、「ボーッと過ごしてしまったこと」をダメだなあと思いました。実は1日目に、ちょっと衝動的に、流されるようにテレビを買ってしまったんです。「やっぱりいらない買い物だったなあ」という後悔が湧き上がってきて、クヨクヨしてしまったんですが、そんな「クヨクヨしている自分がダメだなあ」と責め続けてしまいました。それに加えて、「仕事が増えているのに、コンスタントにアウトプットができていない自分がダメだなあ」と……。

そうだったのですね。ボーッと過ごしたことや、いらないものを買ってしまったかもしれないことや、コンスタントに仕事をしていないことに対して、ダメ出しをしたんですね。それだけ客観的に観察できれば立派なものですよ。では3日目は？

これってウツの症状？

家電Shop
ありがとうございました！
いらない買い物だったかも…
ドョーン
仕事できてない…
クヨクヨしてる自分ダメだなあ…

3日目も散々でした。なんとなく買ったテレビを自宅に配送してもらい、設置してもらったんですが、いざひとりになって録画をしようとすると、設定や操作がうまくできなかったんです。

ああ、わかりますよ。ちょっとややこしいですし、新しい機種ならなおさら手間ですよね。説明書と首っ引きでやらなきゃいけないやつですね。

わかっていただけます？　うれしい。私もトリセツを見ながら一生懸命、時間をかけて格闘したんですけれど、結局できなかったんです。

おやまあ。

それだけなんですが、無性に悲しくなって、涙が出てしまいました。以前、スマホを買い替えたとき、データをうまく移行できなくて残念な思いをしたことがあるんですが、そのときと同じ気持ちが出てきた、というか。それが引き金になって、もうすべてがイヤにな

りました。それで仕方がないのでワインに逃げて、酔っぱらって寝てしまいました。

これってウツの症状？

そうでしたか。大変な1日でしたね。で、次の日は？

はい。4日目は「私って、やっぱりダメだなあ」というしんどさの中で、なんとか1日をやり過ごしました。

うん、うん。わかりますよ。

5日目のトレッキングから、歯車が狂い出した

そして5日目。ちょっとリフレッシュしたくて、仲間とトレッキングに行きました。

ええっ、ちょっと待ってください。それは急な展開じゃありませんか？

下園先生もそう思われます？　私も、「ちょっと急に決めすぎた」とは思ったんですが、

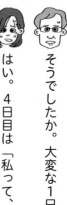

最近「体力をつけたいな」と思い始めていたので、エイヤッと気合いを入れて外に出ることにしたんです。だって、最近ずーっとデスクワークしかしていなかったので、まずいと思いまして。それにトレッキングは数年前から楽しんでいて、1年ほど前にも山に出かけているんです。外を軽く歩くのは、弱っている今の自分にとって、最高のリフレッシュになりそうな気がして。

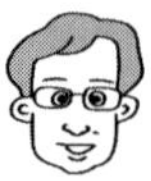

それで、大丈夫でしたか？　歩き通せました？　何か変化はありませんでしたか？

それがですね……。最後まで歩けたものの、帰宅後、急に自己嫌悪が始まってしまって。「仕事が山積みなのに、なぜ遊びに行ってしまったんだ」と、また自分がイヤになりました。

そうですか。次の日はどうでした？

それが、大変だったんです！　トレッキングの翌日の6日目は、なんと片道3時間もかかるところまで、取材で出かけることになっていたんですが……。その移動だけで疲れ果ててしまいました。おそらく、トレッキングの疲れが残っていたんだと思います。帰宅後は、

もう倒れるように寝てしまいました。トレッキングに行ったことでリフレッシュになるどころか、仕事の能率が余計に悪くなったんです。これには、ほんとうに参りました。それでお決まりの自己嫌悪、というわけです。

大変でしたね。「無事に家に帰ってこられただけでも、よかった」、そう考えるといいかもしれません。

なるほど、そうですね。

同窓生への嫉妬と自責感

で、次の7日目は？

はい、「自分のダメなところ」を軽い気持ちで観察するうちに、自分の醜い嫉妬の感情に

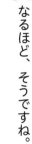

気付いてしまったんです。それで決定的に、深い闇に落ちてしまいました。

どういうことですか。

トレッキングで、久しぶりに高校のときの仲のよかった同窓生に再会したんです。彼女は現在女医さんで、開業医として活躍しています。そして、同じく医者で開業医として働いているご主人と、大学生や高校生のお子さんたちと、幸せな家庭を築いているんです。

ほう。

つまり、彼女は私と同じ年齢なのに、私にないものをすべて持っているんです。「医師」という社会的地位、優しくて理解のあるパートナー、そして優秀な子どもたち……。

まあ、人それぞれですから。

そうなんですが、あまりに自分が情けなくて。だって、私の場合、自分の存在理由と言えるものは「仕事」しかありません。でも「仕事」に没頭できる環境にあるくせに、その1週間は調子が悪くて、まったくはかどらなかったわけです。職業人としてだけでなく、妻としても母としてもがんばっているスーパーマンのような彼女に比べたら、能力が低すぎる

……。そう考え始めると「すべてを持っている彼女が羨ましい」という嫉妬と、「私はなんてダメなんだろう」という自責感のダブルパンチで、深い闇に落ちてしまいました。

気持ちはわかります。人間って弱っているときほど、他人と比べやすいんです。

同じ年齢の同性ですから、特に気になります。そのときは、あまりに落ち込みすぎて、「私、死にたくなってはいないかな」と、確認したほどです。

そうでしたか。それはつらかったですね。そういうときは、対処法があるんですが……。まあ、話を最後まで聞かせてください。

最後の8日目は、体中が痛くなりました。トレッキングの影響で、時間を置いて筋肉痛が出てきた感じです。それがけっこうハードな痛みで、また仕事ができなくなってしまい、横になってゴロゴロしていました。その日の反省点は「また、仕事もせずに怠けてしまった」という点です。

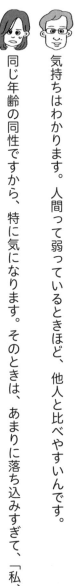

詳しくありがとうございました、よくわかりました。自分自身をしっかり観察できていますよ。総括すると、1日目は「ダメなところ」なんて気にならなかったのに、2日目から「ダメ出しの嵐」になり、自責感が強くなっていった……という感じですね？

はい。テレビを買ったことや、操作がうまくいかなかったことが引き金になって、急に「自分責めモード」に切り替わったという感じです。そして、リフレッシュのつもりで出かけたトレッキングで、なぜか疲れが加速して、ひいては仲のよかった同窓生を羨んで、ひとりで闇に落ちてしまったと。私は先週、いったい何をしていたんでしょうか（笑）。

高木さん、よく話してくださいました。お話を伺って、よくわかりました。単刀直入に、ズバリ言っていいですか。

はい……。

突然の「プチうつ」認定

明るくハキハキとお話ししてくれるので、前回の対談だけでは気付かなかったのですが今のお話を聞くと、高木さんは、〝プチうつ〟状態だと思いますよ。

えぇーっ、そんなはずはないですよ。確かに昨年コロナで自粛して家からほとんど出なかったときは、うつっぽいかな、と思ったことはありましたが。

うん、どうもそのうつっぽさから完全に抜け出せてないような気がしますよ。そんな状態の中で先週提示した「自責」の観察課題は高木さんにとっても大変な課題だったと思います。ごめんなさいね。ただ、今の高木さんの苦しい状態を改善するには何らかの対処をしたほうがよいです。

え、対処ですか？　寝耳に水です。私、うつになってる場合じゃないんです。納品しなき

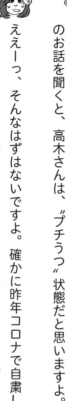

やいけない仕事が、山ほど……。いやあ、どうすればいいんでしょうか。自分が「うつ」だと認めたくない、というか。薬とか飲まないといけないんでしょうか？

私は、医者ではないので、薬を出したりはしません。それに高木さんは、深刻なうつではなく、「プチうつ」の状態ですので、イヤなら薬を飲む必要はないでしょう。ただ、このまま放っておいても改善しません。何らかの対処をしたほうがいいレベルだと思ってください。

対処が必要なレベルですか……。

高木さんのメンタルが今どういう状態か説明しますね。私は、メンタルヘルスの話をするときに、まず心の状態は3つのゾーンに分かれる、という話をします。71のページの図を見てください。

「通常ゾーン」「プチうつゾーン」「うつゾーン」……。

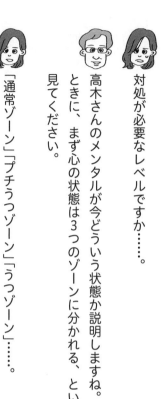

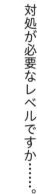

今高木さんはこの図の2段階にある「プチうつゾーン」にいます。じゃあ、僕がさっき聞いた高木さんのお話の中から、「プチうつ」の証拠をいくつか挙げてみますね。さっきのお話は、うつのサインにあふれていましたから。

ああー、そうだったんですか。プチとはいえ、「うつ」と言われたこと自体が、ショックです。

まあ、そう言わず、事実を受け止めてみませんか。そのほうが、高木さんは結果的に早く、うつから卒業できますから。

そうなんですか？

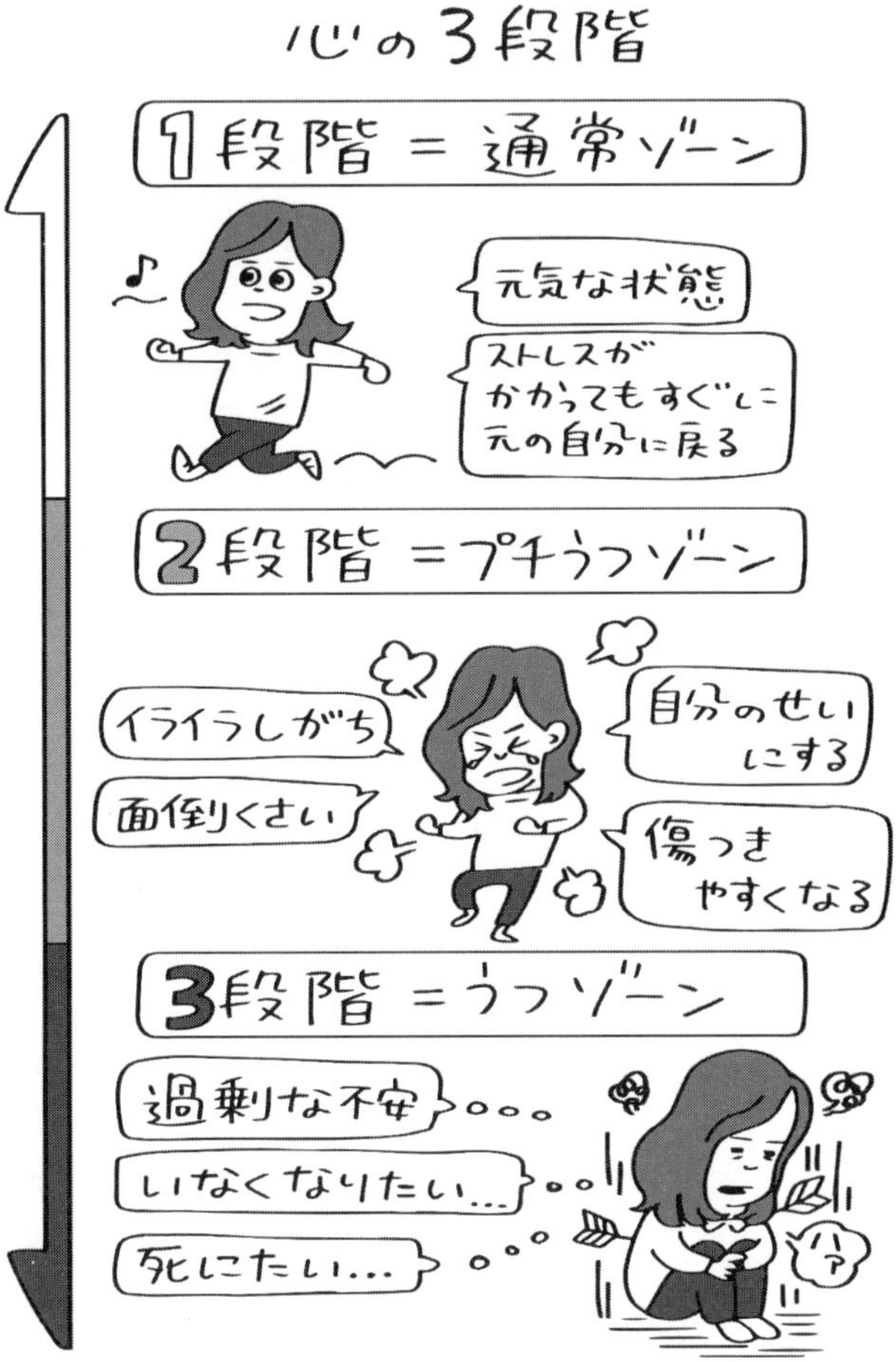
心の3段階
1段階＝通常ゾーン
元気な状態
ストレスがかかってもすぐに元の自分に戻る
2段階＝プチうつゾーン
イライラしがち
面倒くさい
自分のせいにする
傷つきやすくなる
3段階＝うつゾーン
過剰な不安
いなくなりたい…
死にたい…
ハァ

自分を責めすぎるのは、「うつ」の立派な証拠

もちろんです。まず、うつのサインの1つ目は、先週もお話しした「自分責めモード」です。2日目の「ボーッと過ごしたこと」や「流されるようにテレビを買ったこと」、「仕事が増えているのにコンスタントにアウトプットができないこと」への、自責の念。4日目の「私ってやっぱりダメだなあ」という自責の念。5日目、トレッキング後の「仕事が山積みなのになぜ遊んでしまったのか」という自責の念。6日目、「トレッキングで仕事の能率が落ちたこと」への、自責の念。7日目の、「女医の同級生に嫉妬するなんて」という自責の念。そして8日目の「仕事もせずに怠けてしまった」という自責の念。書き出してみるとよくわかりますが、高木さんは毎日、ご自分を責めているわけです。どう見ても責めすぎです。きっと心の中では、数分ごとの感覚で、自分を責め続けているはずですよ。

言われてみれば……。もう先生のおっしゃる通りです。でも、自分でも不思議なんですよ。なんで、私はこんなに自分を責め続けているのかなあって。で、その根本には、仕事の能

率がガクンと落ちていることがあるような気がしてならないんです。

それは、仕事の能率が、数年前と比べて落ちているっていうことですかね？

そうなんです。でも、私のような取材して書く仕事は、「慣れ」が大きくものをいうので、キャリアを積むほどスピードアップする側面もあるはずなんですね。原稿のフォーマットにも慣れてくるので。なのに、速く書けるようになるどころか、机に向かっても他のことを考えてしまうというか、集中できないというか。これが「老化」ということなんでしょうか？　つまり、年のせい？　それとも、更年期とか？

うーん、もちろん「老化」や「更年期」が影響していないとは言い切れません。体力と同じように脳も年齢を重ねると弱ってきます。ただ、仕事に集中できなかったり、能率が落ちたりする大きな要因として「プチうつ状態」が大いに関係しているでしょうね。

「仕事に集中できない」「能率が落ちてきた」の要因が「うつ」だなんて、ちょっと信じられません。それに「仕事の能率が下がる」って、誰にとってもかなり大きな問題のはずです

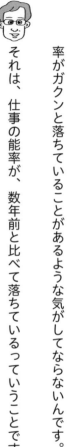

よね。でも、そんな情報、今までまったく聞いたことがありません。

もちろん、仕事の能率が下がったすべての人が「プチうつゾーン」に入っているとは言いません。ただ、極端に仕事に対する集中力が下がった人に関しては、「プチうつゾーン」に入っている可能性があります。心にまつわることは、当事者になってから、しかも病状がかなり深刻、つまり深刻なうつ状態になってから「調べる」、もしくは「主治医に教えられる」ということが多いんです。つまり予防的に、事前に教わるという機会がない。だから、高木さんが「まったく聞いたことがない」というのも仕方がない話です。でもほんとうは、すべての人に、若いうちから、できれば学生のうちから知っておいてほしい情報なんです。早期発見、早期治療が理想的ですから。「うつゾーン」に入る前に知ってほしい。さらに言うと自分についても、相手や周囲の人についても、気付いてあげられると最高です。

図に「うつゾーン」に入ると「死にたくなる」って書いてありますもんね。確かに、学校でも教わらないし、職場でも注意を喚起されることなんてほとんどない。当事者になって初めて情報をかき集めるというわけですね。しかし自分が「うつ当事者」だと気付けない人も多いってことですか。

そうなんです。体の病気であればともかく、まだまだ偏見が多いから自覚症状があっても声を上げにくいというか、大っぴらに相談しにくいというのはありますね。

なるほど。その心理、とてもよくわかります。現に私だって、こんな状態にあることを、職場の人たちには隠していますから。

でしょう？　そうすると発見も遅れるし、治療も遅れるわけなんです。納得いただけたようなので、次は「うつが仕事の能率を下げる仕組み」について説明しますね。うつになると、実際、頭の働きは通常よりも悪くなります。つまり、先ほど高木さんがぶっちゃけてくださったように「仕事の能率がガクンと落ちる」ものなのです。でも、本人はその変化が「うつ」によるものだとは、まったく気付かない。高木さんのように「老化かな」「更年期かな」と他の原因を探し始める。もしくは、それほど致命的な問題ではない場合、問題を軽く見て、原因探しをやめてしまう。その状況が、いちばん危険です。

確かに「仕事の能率」が下がっても、急に死ぬわけじゃないし、そのまま「同じような日

常を送りたい」って思いますよね。

「無力感モード」から「被害妄想モード」という発展形もある

そうなんです。人の脳は変化を嫌うようにできていますから。で、「プチうつゾーン」に入ると、頭の働きが鈍くなり、仕事の能率が悪くなると、「自分責めモード」に突入していきます。そして次にやってくるのが「無力感モード」です。「このままどんどん闇に落ちていって、私はダメになるんじゃないか」「私ってやっぱりダメだなあ」と感じてしまい、将来に何の希望も持てなくなっていきます。そして、攻撃の刃《やいば》はおのずと自分自身へと向けられます。自分を情けなく思って、責め続けてしまうのです。さらに、ここが悩ましいところなのですが「仕事の効率が落ちているのは、もともとの私自身の能力のせい」と考え始めてしまうのです。「仕事」をやり遂げる実務能力が低いせい、年齢を重ねて体力が落ちたせい……。挙句の果てに「これまではただ運がよかっただけ」「今の自分こそがほんとうの自分だ」と思い込むようになり、そこへさらに「不安感」が拍車をかけるようにな

ります。もっとも高木さんの場合は、幸いまだ、「不安感」の段階には至っていないようですね。

あのう、「不安感が拍車をかけるようになる」って、いったいどんな状態なんですか？

そこまでいくと、周囲の人たちの心配そうな表情を、「私のことを見下している」とか「みんなにさげすまれている」と感じるようになるんです。あるいは「ダメな私のことをみんなが噂している」と思い込んでしまったりします。そんな状態は「自分責めモード」が「被害妄想モード」に発展した、と表現できるでしょう。あるいは「自分責めモード」と「被害妄想モード」が渾然一体《こんぜんいったい》となっているというか……。このように、「うつ」とは「放置すると、より深刻化する」病気なのです。だから、早めに気付いて治療するなり、その人を取り巻く環境を抜本的に改善する必要があります。

なるほど……。うつのせいで「自分責めモード」から「被害妄想モード」に進んだり、２つがミックスされたりするのですね。それは確かにしんどそう。私の場合、確かにまだそこまではいってない感じがしますね。言葉で表現するとすれば、仕事がなかなかはかどらな

い「頭の働き低速モード」、そして、「自分責めモード」の渦中にいます。

おお、「頭の働き低速モード」とは言い得て妙です。さすがライターさん、言葉を扱うプロですね。「頭の働き低速モード」という言葉が象徴するように、人ってそのときどきに応じて心身のコンディションが切り替わるようにできているんです。だから同じ人間でも「頭の働き高速モード」の時期と、「頭の働き低速モード」の時期、どちらもある。大事なのは、「頭の働き低速モード」になったとき、その原因に気付くことです。でも「もしかして、私、うつ？」って、気付ける人はそうそういない。なぜなら、そんな情報はあまり広まっていないからです。だからこそ、私たち心の問題のプロが、社会に広く啓蒙していかないといけないんですがね……。

なるほど。あの、今ひとつ気付いたことがあるんですが……。私、3日目にテレビの予約録画がうまくできなかったんです。いくら、自分が知らない機種だとはいえ、トリセツを見れば誰でも簡単にできるはず。あれはもしかして、私がうつで「頭の働き低速モード」になっていたせいなんでしょうか？

はい、よく気付きましたね。その通りです。「頭の働き高速モード」のときの高木さんなら、きっと光速で終わっていたと思いますよ。

そうですよね。あちゃー。どうやら私、ほんとうに「プチうつ」みたいですね。

まあ、そうおっしゃらず。肯定的にとらえましょう。「まだ、プチうつでよかった」と。

無力感モードがほんとうに怖いワケ

でも先生、「プチうつ」って名前は可愛いけれど、けっこう落ち込むものなんですね。先週は「このままどんどん闇に落ちていくんじゃないか」「私はダメになるんじゃないか」という思いが込み上げてきて、本気で怖くなりました。

それが、さっき少しお話しした「無力感」ですよ。高木さんは、プチうつ状態でも、下の

「うつ」に近い状態なんだと思います。高木さんは今まで、何年間もひとりで立派に自立されてきたわけですから、まったく「無力」なわけじゃない。客観的に見てもきちんとしたひとりの大人に間違いありません。なのに「闇に落ちていく」とか「ダメになるんじゃないか」とネガティブに考えて、自信を喪失してしまう。それが「無力感モード」です。

はい、怖いですね。こうやって先生とお話ししていると、そんなに怖くはないんですが、家でひとりでいると、すごく怖くなります。いい年をして、子どもみたいでお恥ずかしい。いったいなぜ、40代半ばにもなって、無力感に苦しめられなければならないのか……。大人を襲う「無力感」って、いったい、何なんですか？

無力感とは、「自分には現状を打開する能力が何ひとつない」と思い詰めてしまう強迫観念の一種です。自分自身を客観的に見ることができず、「自分は低能で、何もできない」と思い込んでしまうんです。

これって思い込みなんですか？

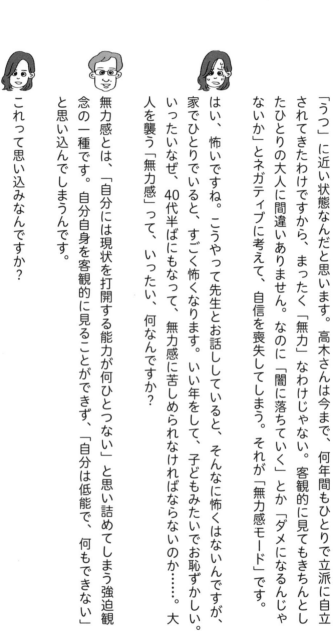

そうなんです。その思い込みの激しさこそ、まさに「うつ」の悪い特徴なんです。本来、「無力感」って、何らかの課題に対し、「自分はできない」と、自分の能力を冷静に判断、評価した結果、感じるものであるはずです。ところがうつの場合は、周囲から見ればたいしたことがないと思われる出来事に対しても、絶望的な無力感を感じてしまいます。だから、うつは怖いんです。

なるほど。「ちょっとしたことを、よりおおげさにとらえてしまう」っていうイメージですね。

その通り。順序を整理してみると……。まず、「プチうつゾーン」に入ると、心が疲弊しているので自分の能力がいつもより低下します。心の状態は脳の状態と直結しますから、仕事の能率などに影響するのです。すると、世の中の課題すべてが、相対的に大きく感じられてしまうのです。問題は、それが一時的なものではなく、将来もずっと続くと感じられてしまう点です。だから、希望がなくなってしまう。非常に短絡的な話ですが、「そんなに希望がないなら、もう私の人生、終わりにしたい」と思い詰めてしまうケースも珍しくありません。

そうか、それで自殺に至る人も多いんですか？

はい。もう、ひとりで結論を急いでしまうんですよ。さらにまずいことに、そうなると過去の自分のことまで、無能に見えてきてしまいます。たとえば、**バリバリと第一線で働いてきた有能な人でも、うつになると、「過去の私は単に運がよかっただけ」と、自分を低く評価するようになってしまいます。**

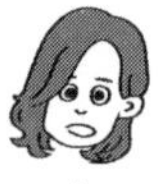

未来だけでなく、わざわざ過去にまでさかのぼって自分を否定するって、どんだけネガティブなんですか！

でしょう？　それが「プチうつゾーン」より下にいってしまう怖さなんです。ちょっとしたきっかけで、心が悪い方向に勝手に暴走し始めるんです。そうなると、周囲も説得できないようになってきます。といいますか、周囲が説得を試みれば試みるほど、「説得通りに感じられない自分」を責められているような気持ちになり、苦しさが大きくなってしまいます。これは、「無力感」に限らず「自責感」でも同じことが言えます。

「プチうつ」「うつ」が脳や心に大きな影響を与える流れが、なんとなくつかめてきました。いろんなネガティブな感情が、束になって襲いかかってくる感じですね。

感情のコントロールが難しくなるのも、うつの特徴

ここまでうつのサインについてお話ししてきました。1つ目は「頭の働き低速モード」。2つ目は自責感にさいなまれる「自分責めモード」、3つ目は「無力感モード」。そして4つ目は「ネガティブ感情だだ漏れモード」です。

何ですか、それ？

高木さんの宿題を思い出してみてください。「3日目には、テレビの録画設定ができなくて泣いた」「7日目には、同窓生の女医さんに嫉妬した」とおっしゃいましたね。これらは

いずれも、ネガティブな感情が沸き起こってくるという状態です。つまり高木さんは、感情をコントロールできなくなりかけている、と言えます。

ギクッ！　その通りです。もう素直に認めます。

たいしたことじゃないのに涙が出てしまったり、本来仲よしのはずの友達に嫉妬してしまったり……。それらは「高木さんの心が弱い」とか「性格が悪い」という質の話ではまったくありません。

そうなんですね、よかった。救われます。だって、昔からの友達に嫉妬するなんて、普通に考えたら、すごくみっともない話ですもん。そんな自分、恥ずかしすぎます。

うつのときは、もののとらえ方や感じ方も、いつもの自分とかなり違ってくるんです。うつになると、不安な気持ち、つまり「不安感」を抱えることが多くなります。いわば「不安感モード」です。そして、何事もネガティブにとらえるようになり、やがてはネガティブな感情に振り回されるようになります。私はそんな状態を「ネガティブ感情だだ漏れモ

ード」と名付けています。

「ネガティブ感情だだ漏れモード」……。名前からして、もうヤバいですね。

めちゃくちゃヤバい状態です。何がヤバいかというと、**本人が、そういったネガティブ感情を、どのようにコントロールしてよいかわからず、途方に暮れてしまう**点です。本人は疲れ果てていて、むしろ感情を動かしたくないとさえ思っている。心穏やかに過ごしたいと願っている。でも、不安や怒り、嫉妬などにとらわれてしまうというわけです。

それ、わかります。私自身は、悲しみや嫉妬の感情なんて、味わいたくないですもん。でもひとりでに湧いてきてしまうから、仕方がない。

高木さん、それはもうイエローカードです。

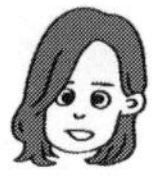

はい、私もそう思います。そこまで証拠が揃っているのなら、私は確かに「プチうつ」なんでしょう。じゃあいったい、私は今からどうすればいいですか？

それはもう「対処」ですね。「プチうつ」にはきちんとした対処が必要だと思ってください。

うつにいちばん効く〝薬〟

あのう、「対処」って、どういうものですか？　私、さっきも言いましたが薬はなるべく飲みたくないし、仕事を休んだりできる状況ではないのですが……。

安心してください。高木さんに必要な対処は、そんなに大がかりで大変なものじゃありません。最初に答えを言ってしまうと、まずはただ、よい睡眠をとるだけでＯＫです。うつの特効薬って、心身を休めることなんですよ。それだけ。ザッツ・オール。

え、それだけですか。いやそんなことないはずです。やだ心身を休めるだけでいいなんて。「心身を休める」なんて誰でもやってることじゃないですか？　ほんとうにそんなことで、

プチうつモードから脱出できるんですか？

単刀直入に言いますと、**うつの本質って「疲労」なんです。**

ちょっと待ってください。「疲労」って、あの体の「疲労」ですか？

正確には「肉体疲労」と「精神疲労」があります。でも「肉体疲労」と「精神疲労」って基本的には連動しているんです。体が疲弊している状態で、ポジティブになるのはなかなか難しいように。単純に体が疲れている。なのにがんばり続けようとする。すると「精神疲労」がたまり、心のエネルギーが不足する。

確かに体が疲れていると、なかなかがんばれない。でも、「うつは心のかぜ」っていうキャッチコピーを何度も見かけたことがありますよ。疲労と関係なく、うつになるのでは？

あのコピーには、言葉を補う必要があります。「心がかぜをひく前に、そもそも体が弱りきっていたのがまずかった」、そんな意味だと理解してください。

でも信じられません。うつの本質が「疲労」だなんて！

エネルギーが不足すると、充電しないといけないですよね？　車と同じです。給油しないといけない。だから、体はブレーキをかけるんです。**「疲労がたまっているけどがんばる」というのは、エネルギーが足りなくて、ブレーキをかけようとしているのに、アクセルを踏んでいる状態**です。そりゃ、つらいですよね？　車だったら壊れるかもしれない。

なるほど……。心が弱いからうつになるのではなく、疲労してるのに、アクセル踏むことで、心身に異常が出てるって感じでしょうか。

そうです！「心というよりもむしろ、肉体の疲労からくるトラブル」と説明されると、納得できるでしょう？　それに、うつになる人の数が増えていることの、説明もつきますよね。「心が弱い人」が増えているのではなく「体が疲れすぎている（ことに気付かない）人」が増えている。だから、うつの患者さんが増えているんです。

それはそうかもしれませんが……。実際、みなさん、そんなに体が疲れているんでしょうか？

はい。言い換えると「体の疲れを自覚できない人」が増えている、ということになります。それに、「疲れている」と勘付いていても、うまく休めない人があまりに多いんです。たとえば、仕事が忙しすぎて物理的に休めなかったり。それに間違った「休み方」や「リフレッシュ法」で、余計に疲れてしまったり。

ドキ……。先生、それが私のことですか……？

はい。もう答えを言ってしまっていいですか。

「プチうつの人」にとって、最高のストレス解消法、最低のストレス解消法

お願いします。

高木さんは5日目にトレッキングに行き、「翌日、仕事の能率が余計に悪くなった」というほど、疲れ果ててしまいましたね。そして「頭の働き低速モード」「自分責めモード」「無力感モード」「ネガティブ感情だだ漏れモード」のミックスの渦中で過ごし、8日目は体中に痛みを感じている。これは、「ストレス対策のつもりで取り組んだトレッキングが逆効果になった」ということ。もちろん、疲労の根本的な解消にもなっていない。

そ、そうですね。ごめんなさい。

いえ、謝らなくてもいいんです。ただ、これから「知識」としてぜひ知っておいていただきたいんですが……。同じ筋トレをしても、〝メンタルが強くなる人〟と〝弱くなる人〟が

いるということです。

どういうことですか？

「メンタルを強くしたけりゃ筋トレをしなさい」って言う人いますよね？

いますいます。

筋トレが心身の健康にいいことは間違いないですが、それは「通常ゾーン」の場合です。高木さんのような**「プチうつゾーン」や「うつゾーン」では、トレッキングのように体を鍛えることをしても、メンタルは決して強くはなりません。むしろ弱くなってしまいます。**

なるほど。私のような状態になったら、体を「鍛えよう」とすることが無意味なわけですね。

そう。そのモチベーションは素晴らしいんですけどね。モチベーションがあってがんばれ

ちゃうからやっかいなんです。もし、高木さんにうつについての前知識があったなら、徹底して体を休めていたはずなんです。**率直に言えば、高木さんは「自分の手でうつを悪化させている」ということなんです。自分なりのストレス解消法、というのが実はいちばん危ないんです。**

……その通りかもしれません。すみません、トレッキングなんかに行ってしまって。

いえいえ、ご自身で一度体感されれば、よくおわかりになったでしょう。それは貴重な学びになりますよ。

でも先生、お言葉を返すようですが、プチうつのとき、「ちょっと楽しいことをしたい」と思ったら、いったい何をすればいいんですか？　ストレス解消法というか……。

それはいい質問です。まず、ストレス解消法には「はしゃぎ系」と「癒し系」の2つがあることを理解してください。

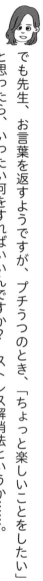

「はしゃぎ系」？　「癒し系」？　初めて聞きました。

まず「はしゃぎ系」から説明しましょう。わりとイメージがしやすいと思うんですが、刺激的で楽しいアクティブなストレス解消法。それが「はしゃぎ系ストレス解消法」です。たとえば旅行、スポーツ、ギャンブル、買い物、異性との交際などのように、刺激的で楽しいこと、と理解してください。

はい、すごくよくイメージできます。私のトレッキングも、「はしゃぎ系」に当てはまりますね。

そうですね。この「はしゃぎ系」の特徴は、基本的にひとりではできないことです。例外もありますが。多くの人が関わるほうが、心のダメージは受けやすくなります。人間関係はストレスになりますから。

たしかに、トレッキングも友人と行きました。

この「はしゃぎ系ストレス解消法」では、不安、焦り、悲しみ、怒り、自責などのイヤなことを忘れることができます。また、日常ではあまり使わない筋肉や脳の機能を動かしているうちに、仕事や人間関係で疲労した箇所を休ませる効果も期待できます。ただし「はしゃぎ系ストレス解消法」は、その瞬間はラクになっても、翌日には一層疲れてしまう。そして、その苦しさから逃れるために、またそのストレス解消法を望んでしまう。そんな悪循環に陥りやすいのです。

あの日の私のトレッキングって、見事にそんな感じです。でも、いったいなぜなんでしょうか？

簡単ですよ。たとえ話をしてみますね。私たちは、右手が疲れたら左手を使う、ということをしますよね。つまり、左手を使っている間は、右手が休めるというわけです。でも、もし心臓が疲れたらどうでしょう。疲れた右手の代わりに左手を使っても、心臓は休めるわけではありませんよね？

はい。心臓は少しでも止まることができませんから。

「プチうつ」って、この「心臓が疲れている状態」だと考えてみてください。つまり、体をいたわったり、休ませてあげる必要があるんですよ。だから、「プチうつ」の人に適したストレス対処方法とは、「はしゃぎ系」ではなく「癒し系」のことなんです。

「癒し系」のストレス解消法って、たとえばどんな？

一にも二にも、まず眠ること、休むこと。そして、ゆったりとした音楽を聴く、アロマテラピーやマッサージ、美容室などでくつろいだり、おいしいものをゆっくりといただいたり、気心の知れた仲間とおしゃべりを楽しんだり、自然や動物に触れる、といったことです。できるだけひとり、もしくはほんとうに仲のよい少人数で行えるものです。

そうか……。トレッキングは、やっぱり「癒し系」とは言えませんね。かなりハードですから。でも、どうやって見分けたらいいんでしょう？

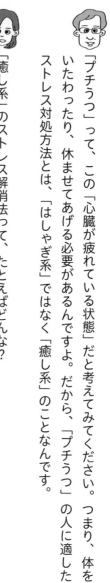

「プチうつ」さんには、「薄味刺激」の快がいい

そうですね。大原則として「薄味刺激」の〝快〟がいい、と覚えておいてください。

薄味？　いったいどういうことですか？

たとえば、次のようなことです。身近な人と情報交換すること、自分の内面を表現すること、自分のことをわかってもらうこと、少人数の間で認められること、動植物を育てること、料理を作ること、魚を釣ること、豊かな自然に触れること、水に触れること、よい香りをかぐこと、ゆったりと眠ること、歌うこと、踊ること、楽器を演奏すること、周囲をきれいにすること、甘えること、甘えさせること、わかってあげること、助けてもらうこと、助けてあげること、成長を感じること、何かがうまくできるようになること……。ちょっと多くなりすぎましたが、こんな〝快〟を得られるストレス解消法こそが「プチうつ」の人におすすめです。

なるほど、わかりやすいです。

反対におすすめできないのが、刺激の強いこと。ギャンブル、ジェットコースターや車を飛ばすこと、球技、異性と出会うための場所、テレビやインターネットで行うロールプレイングゲーム、買い物、薬物、アルコールなどです。これらは依存性があるため、いったんハマると、体は常にそれをほしがるようになる。それがないと、大きなストレスになってしまう。結果的に行動も過激になり、心身の疲労が促されます。「プチうつ」の場合、かえってこれらの刺激の強さに疲れ、うつの状態が悪化します。

それは困ります。

薄味の刺激で
“快”を感じられるように

「うつ」とは結局、エネルギーの枯渇《こかつ》状態なんですよ。だから、薄味刺激の穏やかな快で苦しみに対処していかないと、疲労は解消しません。

はい、とてもよくわかりました。

まさかの「8時間睡眠」という課題

じゃあ、お話はここらへんにして。そろそろ、次の課題についてお伝えしましょうか。

はい（ゴクリ……）。できれば、ラクなことにしてください。あと「自分を観察する」っていうのは、ちょっときついかもしれません。

はい。もちろん、大丈夫ですよ。今の高木さんの状態に応じためちゃくちゃ簡単な課題を出しますね。究極にラクな課題です。まずは1つ目。これから1週間、できるだけ毎日、

8時間睡眠をとってください。

えっ？　眠ることが課題……。そういえば最近、眠りが浅いというか、朝うんと早くに起きてしまうんですよね。

そんな場合は、昼寝をしてもいいですから。だって、夜の睡眠時間が短いと、昼間眠くなるでしょう？　**「規則正しい生活をしなきゃ」なんて思わないで、眠くなったら寝てください。最初は「1日のトータルで8時間」という考え方でもいいですよ。**〝規則正しい生活をしたほうがいい〟っていうのも基本的には「通常モード」の人に有効なアドバイスですから。

わかりました。でも、しつこいようですが……。睡眠って、そこまで大事なんですか？

もちろん。「疲労」については2章以降で詳しく解説しますが、みなさん疲労を甘く見すぎです。この「疲労」がやっかいなんです。ここでは、睡眠について、さらに詳しく説明しておきましょう。「プチうつだ」と感じたとき、最初に行う作業は「休みをとること」で

す。これは自衛隊でも重要視されているんです。

自衛隊でもですか？

はい。たとえば米軍でも、戦場でうつ状態になった人に最初に行う対処は、「3日間戦線から外して、休養をとらせること」です。薬やカウンセリングを与えるのではなく、まずは休養なんです。

意外です。「休養」なんて誰でも無料でできることだから、ついつい軽く見てしまうのかもしれません。

そうなんです。お手軽すぎてね。興味深いことに、有名な精神療法「森田療法」でも、うつの人が最初に行うのは「絶対臥褥《がじょく》」という約1週間の完全休養です。その期間はトイレと食事以外は「終日寝ている」という徹底ぶりです。だから高木さんも、心のエネルギーを消耗する人間関係と仕事から、できれば1週間くらい距離をとってほしいんです。もっとも、それは理想論。「1週間も休みなんてとれない」という人は、せめて土日を含めて

3～4日、それも難しい人は、なんとかやりくりして2日間の休みをもらってほしい。それも「今すぐ」です。仕事が一段落してから、などと考えていると、いつまでたってもふんぎりなんてつきませんから。

はあ……。とはいえ、仕事なんて、そんなに急には休めないですよ。いくら体調不良といっても。

そうですか？　じゃあたとえば、明日の朝突然、腹痛と高熱を伴うインフルエンザにかかってしまうとしましょう。否応なしに約1週間は休むことになりますよね？　職場には、そう言って休めばいいんです。

つまり、それって仮病ですか？

仮病というより、「嘘も方便」ということです。「そんな嘘なんてつけません」と言われそうですが……。善意の嘘さえつけない場合、それはうつの一症状である「罪悪感」が過剰に強くなっている可能性があります。

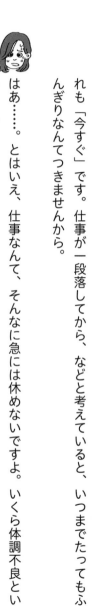

ええー、私、そんな嘘なんてつけません。罪悪感が強すぎなんですかね？

「しがみつき」もうつのひとつのサイン

確かに嘘をつくのは難しいですよね。でも、ぶっちゃけると、高木さんがもう少し苦しくなれば、会社の都合なんて考えていられなくなりますよ。もっとも、そこまで自分を追い込まないと対処できないなら、そんなレベルになるまで「待つ」のもいいでしょう。ただ、その場合、高木さんはすでに「自分の健康より仕事のほうが大切」という偏った考え方にとらわれています。それも「しがみつき」という、うつの症状である可能性があります。

「しがみつき」！　すごい名前ですね。でも、よくわかります……。じゃあ、もしうまく休みがとれたとき、次は何をすればいいのか教えてください。

はい。さっき、戦場でうつになった兵士に3日間の休息を与える話をしました。高木さんがもし3日間の休みをとれた場合、同じ3日日の休息プログラムを参考にしてみてください。戦線から離脱した兵士が最初に与えられるのは、安全な場所と温かい毛布と乾いたベッド。つまり安心して眠れる環境を準備してあげることが、最大のケアになるんです。ですから「せっかくの休み」といっても「街に出かけること」なんて考えないでください。「プチうつ」って、結局のところ根っこをたどればただの「疲労」です。「はしゃぎ系ストレス解消法」ではなく、まずは休養、それも睡眠をうんととることです。もし若い人なら約2日間爆睡すれば、疲労がかなりとれて体力が回復するでしょう。

先生、その理屈はよくわかるんですが、「なかなか入眠できないとき」はどうすればいいですか？　たとえば私、よくワインを飲んでそのまま眠ってしまうんですが……。

それね、みなさんやってしまうんだけどダメなんです。就寝前のお酒は、しばらくの間やめるようにしましょう。アルコールってうつと相性が非常に悪いんです。だから入眠前に飲まないに越したことはありません。アルコールって、睡眠の質を劇的に低下させます。

多量に飲むと、二日酔いとうつが重なって、翌日の気分をひどいものにしてしまいます。

やっぱり、そうですよね。頭ではなんとなくわかっていたんですが、やめられない（笑）。

入眠のためのアルコールは、最悪

脅すわけではありませんが、お酒についてきちんと知っておきましょう。そもそも、お酒って薬物です。それを分解するために、わざわざ余計なエネルギーを使うわけですから、疲労が余計に悪化します。せっかくの貴重なエネルギーを、ほんとうにやりたいことのために使いたいですよね。

はい、それはもう……！

もちろん、「入眠のためにアルコールが必要」と訴える人は多いんです。でも不眠を理由

に就寝前に飲むのは、世界でも日本人だけ、らしいですよ。一般的に不眠対策としてはホットミルクや、ノンカフェインのカモミールティーなどを飲むことが多いようです。

じゃあ、「プチうつになったら禁酒せよ」って感じですか？

いえ、「アルコールをまったく飲むな」ということではないんです。ＷＨＯ（世界保健機関）がすすめている適正飲酒は1日に純アルコール20ミリグラム。これは、たとえばビールに換算すると中ビン1本（５００㎖）です。「禁酒しなければ」という思いが逆にストレスになる人は、適量を賢く利用するつもりで飲んでもよいでしょう。でも入眠の4時間前には飲み終わってください。「そんな少量じゃ我慢できない」「飲まないとやってられない！」という人は、いよいよレッドカードですね。

なるほど、アルコール依存症になるリスクも高まりそう。肝臓にも悪そうだし。

とにかく私が強調したいのは**「体をほんとうに休めることって、意外と難しいですよ」ということ。多くの人は「寝ているだけ」ということが、なかなかできないものな**

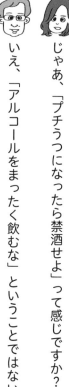

んです。おまけに「忙しい」とか「私だけ休むわけにはいかない」とか、さまざまな理由をつけて、休もうとしない。休むこと自体に抵抗がある人が多すぎるんです。

明らかになった、高木さんのゴールデンファイル

そりゃそうですよ。今の社会では、「生産性」がまず問われていますから。

もちろん、その理屈には私も納得できます。でも、よく考えてみてください。うつになると、生産性は一層下がってしまいます。だから、「体を休めること」も、仕事のうちなんです。

なるほど……。そういえば私、生産性を上げるという言葉がとても好きです。逆に、「休む」という言葉にとても抵抗を感じます。

はい、私もそんな高木さんの心の傾向に気付いたんです。さっき、2日目のところで「仕事が増えているのに、コンスタントにアウトプットができていない自分がダメだなあ」とおっしゃっていましたから。それが、高木さんのゴールデンファイルのようですね。

ゴールデンファイルですか？

子どもの心の中でも、その人を強く律しているものをゴールデンファイルと呼んでいます。ただ本人にとっては当たり前すぎてそのファイルに何が入っているか自覚できないことが多いんです。

あっ、そうかもしれません。「コンスタントにアウトプットをする」というのが、私のこだわり、「人生において大事にしていること」なんですね。

そうです。さらに言わせてもらうと、高木さんの場合、「アウトプットを堅実に積み重ねたうえに〝リア充〟が待っている」という思い込みがあるように見受けられます。だから「〝リア充〟なんてなくてもいい」と思ってしまえば、アウトプットを真面目に蓄積する必

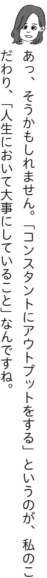

要もないし、仕事から少し距離を置きやすくなるかもしれません。

わかりました。とはいえ、そんなにすぐに仕事を休むなんて、現実的な話じゃないです。私、正社員じゃないんです。立場の弱い非正規雇用の人間ですから、「休みます」だなんて言い出せない。ましてや急になんて、絶対無理です。

1日3分、深呼吸でうつを予防、改善する

では、そんな方にとっておきの方法をお教えしましょう。それは、ズバリ「呼吸法」です。
これ、2つ目の課題にしましょう。

「呼吸法」？　呼吸なら毎秒無意識にやってますけど……。

いえいえ、もっと意識的に呼吸をする瞬間を、1日のうちに何度か増やしてみてください。

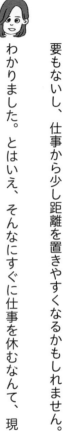

呼吸を行うことで、自律神経を整えることにもつながります。自律神経が乱れていると、心身のバランスがどんどん崩れていきますから。で、どういう呼吸法かというと、要は深呼吸をすればいいだけ。最初に、鼻から息を大きく吸い込みます。そのあと「ハァーッと長ーいため息を口からして、スゥーと鼻から息継ぎすること」を3セット繰り返すだけです。こんなの1分もかかりませんよ。

1日に何回やればいいですか？

1日に3回。それをまずは1週間途切れず行ってみてください。合計3分もかかりませんから、どんなに忙しくてもできるはず。たとえばトイレ休憩のときに必ず行うとか、忘れない工夫さえしておけば、続けられるでしょう。食前でも、食後でもいつでも大丈夫です。

わかりました。やってみます。それくらいなら、いくら弱っている私でもできそう。

いいですか、高木さんは今、充電不足の状態です。だから、うんと眠って、できれば、おいしいものや食べたいものを食べて、自分自身を思いっきり大事にしてあげてください。

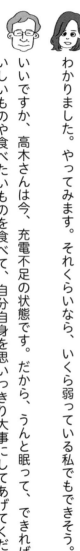

ダイエットとか、考えなくていいですからね。

わかりました。ありがとうございます。しかし8時間睡眠をすすめられるとは、そんなに充電が重要だとは、夢にも思いませんでした（笑）。人間の心と体って、とても複雑なようでいて、実は意外と単純にできているのかもしれませんね。

次週までの
宿題
（この本をじっくり
読みたい人向け）

□ この1週間、できるだけ毎日8時間睡眠を確保する

□ 1日3回、意識して丁寧に深呼吸する

第2章

プチうつ状態から抜け出す方法を教えてください！

先週の課題の振り返り～9時間睡眠でオーラ回復～

高木さん、どうでした、先週は？　おや？　なんだか元気そうに見えるけれど……？

えっ、ほんとですか？

先週よりも、明らかによいオーラが出てますよ。生命力が違う。もしかして、この前の課題の「8時間睡眠」と「呼吸法」のせいでしょうか？

いえ、それがですね、ぐっすり眠れたのは7日間中、おとといと昨日のたった2日間だけなんです。かなり前から、大きな予定が入っていたせいで……、すみません！

いやいや、2日間だけでも十分ですよ。「2日間もできた」とプラス思考でとらえていきましょう。

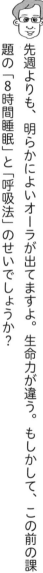

そうですよね。先週は前半忙しかったんですが、後半は連続して「9時間睡眠」ができたんです。そしたら心も体もラクになった気がします。

え？「8時間睡眠」じゃなくて「9時間睡眠」？すごいじゃないですか！

最初は私も「8時間睡眠」のつもりでした。でも、先生に教えてもらった呼吸法をやっていたときに「自分に制限をかけることをちょっとやめてみよう」と思ったんです。それで目覚まし時計をかけずに布団に入ったら、ぶっ通しで9時間、目が覚めなかったんです。それはそれでよかったのかなと。だって、体が随分ラクになったから。「寝ることって、やっぱり大事だなあ」と痛感しました。先生から教えてもらわなかったら、そして課題として出されなかったら、「9時間睡眠」なんてしなかったはずです。

うんうん、よかったです！先週の1章では、高木さんの今の心の状況を理解してもらいました。

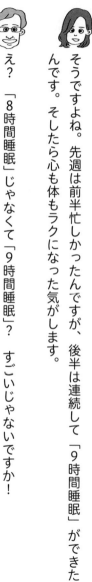

はい。私は今「プチうつゾーン」にいると。

なぜプチうつゾーンに落ちたのか⁉

そうです。そうです。今日は〝なぜ「プチうつゾーン」に入ってしまったのか〟そのメカニズムを理解してもらいます。

〝大人の心〟を手に入れるために大事なのは心のメカニズムについて理解することでした。

よく覚えていますね！　実はもうひとつ大事なことがあるんです。

もうひとつ？

はい、「理解」に加えて大事なのは「体験」することです。「体験」することで、理解が深ま

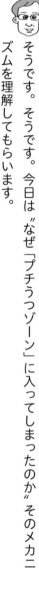

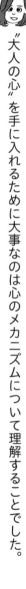

ります。今回、高木さんは9時間睡眠を2回とったことで、心と体がラクになることを実感してもらいました。

はい、実感しました！

では、高木さんがなぜ今のような「プチうつ」状態になったのか、説明しましょう。これは「原始人」を想像してもらえれば、すぐに納得できます。

ええっ、原始人？

はい。毛皮をまとい、石斧などを武器にして狩りをする、あの狩猟民族に思いを馳せてみてください。いいですか、「私たち現代人は、ご先祖様である原始人よりも、高度に文明化された社会で、快適に暮らしている……」、多くの人がそう思っていますよね？

はい。

でも、ちょっと待ってください。私たち現代人は、文化的に洗練されているように思えますが、根っこのところ、つまり本能的な部分は、原始人とまったく同じなんです。

そ、そうなんですか？　原始人が活躍していたのは数百万年前のことでしょう？　その間に、大きな変化を遂げた結果、現代の高度な知能を持ったヒトが生まれたんじゃないんですか？

でも、元をたどれば同じ種族です。五十歩百歩の同類という見方もできますよ。たとえば、人がうつ状態になるのも、私たちの中にある「原始人モード」について考えてみると、容易に説明がつくんです。

えぇーーっ、私たち現代人には「原始人モード」っていうモードが備わっているわけですか!?　そんな説、聞いたことがありません。

うつの症状は「原始人」をイメージすれば納得がいく

はい。これは私の持論なんです。この「原始人モード」理論を使えば、心のトラブルのたいがいの原因は、うまく解明できます。まあ、聞いてください。原始人が飢えたり、病気になったり、けがをしたり、愛する人を失ったとき、戦闘能力は低下します。つまり、襲われたりしたら死にやすくなる、命の危機的状況です。だから、そんな時期は**外敵から身を守るには「引きこもる」のがいちばん**なんです。何が何でも休んで、態勢を立て直し、再び戦う力を養う。そのための〝大事な反応〟が、うつ状態でよく見られる体の反応、つまり症状だというわけです。

「うつの症状」が〝大事な反応〟なんですか？　私、以前にもうつっぽくなった経験ありますが意味がちょっとよくわかりません。ただ苦しいだけのような気が……。

まあまあ、あわてないで。現代人がうつ状態になると、心身に症状が出るものですよね。

たとえば体が緊張したり、眠れなくなったり、ささいなことで怒ったり……。それらは現代人には困った反応なのですが原始人的には自分を守るため、理にかなったことなんです。まず「体が緊張する」のは、敵の攻撃から身を守るためです。体がこわばっていると、天敵に噛まれるなどのダメージを負っても、傷が深くなりにくい、という説があります。

なるほど。

また、**「眠れなくなること」にも、一種のメリットがあります。**

え、眠れないことにも!? 眠れないことでいいことなんてない気がしますが……。

「眠れない」はうつの代表的な症状のひとつです。現代人にとっては、つらいだけ。でも、原始人にとってはメリットがあるんです。原始人は、現代人のように誰にも襲われない安全な場所で寝られていたわけじゃないんです。寝ていたら夜間に猛獣に襲われても対応できない。起きていたら……。

すぐに逃げたりできますね。つまり、死にそうだから、死なないために、眠らないってことでしょうか？

そうなんです。死なないために、眠らない。さらに「ささいなことで怒りやすくなる」という心理状態も、見方を変えれば「自衛本能」のひとつ。弱っている状態だと天敵に襲われやすくなるものですが、万一襲われたとしても、「怒りやすい」、つまり警戒モードが高まっているため、すぐに反撃することができる。

確かに、うつのいろんな症状って、「原始人モード」を当てはめて考えてみると、ごく当たり前の自衛本能だと言えるんですね。

そうなんです。うつの症状の多くが「原始人モード」で説明がつきます。それに、うつのときに湧き上がってくる一見困った感情や行動って、私たちの心身の奥深くに横たわっている「原始人の頃の本能」の仕業なんです。だから、いくら理屈で抑え込もうとしても、太刀打ちなんてできません。

そうか、本能の仕業じゃかないませんね。面白い理論です……って、面白がっている場合じゃないけど（笑）。

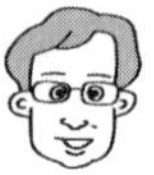

高木さんは、以前から仕事を受けすぎる傾向があった。そこに去年からのコロナ禍。都会でひとり暮らしの高木さんは、原始人的な緊張を感じていたはずです。そのタイミングで複数の大きな仕事が急に入り、断りきれずに今に至ったのです。

先生、なぜ私が「プチうつゾーン」に入ってしまったかは、理解できました。でもいったいどうすれば、私はプチうつゾーンから抜け出せるんでしょうか？

うつは、引きこもって休めば治る!?

すごくシンプルですよ。これも「原始人モード」で考えてみましょうか。つまり、うつのときは体が疲れているんだから、家に引きこもって、単純に休むだけでいいんです。

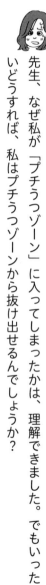

え、そんな単純なことでいいんですか？

たとえばパソコンにトラブルが起きたとき。設定をむやみにいじったり、プログラムをインストールし直したりするより、シンプルに再起動するほうが、問題が解決しやすいですよね。それとまったく同じこと。この前、高木さんがおっしゃっていたように、人間の心と体って、とても複雑なようでいて、実はシンプルにできているんです。ま、この「休む」というのが現代人にとってなかなか難しいですし、「休み方」を現代人は意外と知らないんですけどね。

なるほど。この「原始人モード」のお話、とっても面白いのでもっと聞かせてもらえませんか？　なんだか私、勇気が出るような気がして。

おおー、やはり、そうですか。実は、この「原始人モード」の話は、うつの患者さんや私の講座の受講生の方々に、とても受け入れてもらいやすいんです。みなさん、高木さんのように「勇気が出る」と言ってくれます。心が弱っている人に対しては「医学的、科学的

アドバイス」をすることよりも、「今のあなたが悩んでいる症状は、がんばりすぎて疲れた結果、起きているものだ」と説明をしたほうが、心に響くようですね。また、「自分責めモード」からも脱却しやすくなる。「だったら、単に休めばいいんだな」と納得してもらいやすい。

あの、具体的にみなさんどんなことが原因で、弱っているんですか？

そうですね、一例として自衛隊員の話をしてみましょう。隊員たちは、普段からトレーニングでさまざまなタイムを測っています。自分の能力が常に数値化、可視化されることで、ストレスを感じる隊員も、少なからずいます。いい記録が出ている時期は、何も問題ありませんよ。でも大変なのは、記録が落ちてしまったときです。ここからはたとえ話にさせてもらいますね。たとえば私が隊員のFさんに、次のように相談されたとします。「ランニングのタイムが落ちてしまいました。以前はこんなことはなかったのに、自分はもうダメなのではないか、昇進に響くのではないか、戦力外通知を受けるのではないか……」

ええー、自衛隊の方って、日々大変なんですね。すごいプレッシャーじゃないですか。

もちろん、隊員全員がこんな悩みを抱えているわけではありませんよ。あくまでたとえ話です。このようなとき、私たちのようなカウンセラーは、Fさん本人の苦しさを十分に聞いたあと、次のように話します。

「Fさんのタイムが落ちたのは、エネルギーが低下しているからでしょう。Fさんの体が『これ以上エネルギーを消耗したくない』『休みたい』って、訴えている証拠です。もちろんあなたが落ち込むお気持ちもわかります。がんばりたい気持ちもわかる。でも今の状態でこれ以上がんばろうとすると、状況が悪化する可能性が高まるだけ。だから、3日間だけでも、まずは休みましょうよ」と。だから読者のみなさんにも、まずは3日間休むこと

を目指してほしい。土日の休みに有給を1日プラスしたらとれるじゃないですか。

確かにとれますね。

心が弱っている人に通常ゾーンにいる人と同じ言葉をかけてはいけない

もちろん違う方法でFさんを刺激するやり方もありますよ。たとえば「Fさんの走り方のフォームが悪いんじゃないの？」「目標をしっかりイメージできていないんじゃないの？」と、できない原因を指摘してそれを改めさせようとするわけです。それは通常ゾーンにいる人には、アリかもしれません。でも、通常ゾーンより下にいる心が弱っている人をサポートする手法としては不適なんです。

通常の精神状態の人と、心が弱っている人とでは、サポート方法が違うってこと？

おっしゃる通り、両者への接し方はまったく違いますよ。弱っているFさん本人は、いくらいいアドバイスをされても、それを行う気力自体がなくなっています。だから、Fさんに対して正論なんて無意味です。できていないところを指摘され、完全な解決法を示されたとき、それが正しければ正しいほど、Fさんは「やっぱり自分が悪い」「自分はダメだ」と思い詰めてしまいます。でも「原始人の末裔である現代人のFさんががんばりすぎて疲れた結果、起きている症状なんですよ」と説明すると、Fさんは自分自身を責めずにすみます。そして「休めばいいんなら、そうしよう」と、すんなり納得できる。このように「原始人モード」は、わかりやすいし、共感も得られやすいんです。

深いですね……。「自分を責めること」よりも、「自分の中の原始人モードに気付くこと」のほうが大事な気がします。

そうなんですよ。現代人は、えてして原始人モードを無視して働きすぎていますからね。それにしても、よく睡眠時間を捻出できましたね。高木さんの心の中で、いったいどんな動きがあったんですか？

目の前の仕事は山積みでした。ライターとして、それは一気に片付けるべきものだったと思います。でもゆったりと深呼吸しているとき、ふと「いいや！」って潔くあきらめられたんです。

その話、すごくいいですね。「いいや！」ってあきらめたというのは、何をあきらめたんでしょうか？

「しがみつき」が軽くなった？

うーん、仕事に向かうこと？　もっと詳しく言うと「がんばること」そのものをあきらめたという感じ。「だって、机に向かっても、どうせはかどらないし」と割り切ったんです。というか、自分自身の体のダルさに耐えきれなくなって、それを素直に受け入れざるをえなくなった。で、いったん受け入れると、とってもラクになりました。

いいですね、いいですね。**それこそ〝大人の心の強さ〟です。自分のがんばりをそこそこ認め、達成できそうなレベルに目標をあえて下げたり、臨機応変に対応できるのが、「大人の心の強さ」です。**しなやかだから、たとえ状況が変わっても、柔軟に対応ができるんです。

ああ、思い出しました。「大人の心の強さ」の反対語が、「子どもの心の強さ」でしたね。

そうそう。結局「子どもの心の強さ」って、刺激に対して「単に我慢」するだけの力ってことなんです。たとえて言うと「外から与えられる痛みに慣れよう」としているようなもの。でもね、人は無限に「痛み」に慣れることなんて不可能です。

なるほど。

つまり、刺激に対して「単に我慢」しかできない「子どもの心の強さ」は、役に立たないどころか、危険ですらあります。

なぜですか？

我慢しすぎた末に、心が突然ポキンと折れて、衝動的に自分を傷付けたり、自殺に走ってしまうことがあるからです。どんな人にでも、我慢の臨界点を超えると、心は突然破綻してしまう。だから、**過剰な刺激に対しては「単に我慢」するだけでなく、刺激に対して適応性のあるまったく別の対応をとるべき**なんです。ただ、うつで「頭の働き低速モード」になっていると、「適応性のある行動」を考えることが非常にしんどくなります。平たく言うと、**うつのときは「いつもと違うことをするのもしんどい」と感じる**ようになります。柔軟に動けない。だから、今回、高木さんの口から「がんばることそのものをあきらめた」という言葉が出たことは、素晴らしいことなんですよ。この状況は「現実に適合できた」「自分を変えることができた」とも言い換えられます。とても大きな一歩です。

なるほど……。わかりました。先生、ひとつ気になっていることがあって。なぜ私は先週、「仕事が山積みでも、寝ちゃっていいや」と思えたのでしょうか。それまで、あんなに仕事優先のスケジュールで過ごしていたのに。

それは先週、少し触れたうつの症状のひとつである「しがみつき」が少し軽くなったんですね。

「しがみつき」っていう名前のインパクトがすごいですよね。詳しく教えてください。

「しがみつき」も、私がつけた名前です。ある行為（考えや概念も含む）が、ストレスを増加させているのに、気付くこともできず、ひたすらその行為を続けてしまう。そんな皮肉な症状を指します。本人は、その行為を、よかれと思って意地になって続けていることが多いんです。でも周囲には「その行為をするから、逆にストレスがたまっていく」としか見えない。「ある行為（概念）」にしがみついているように見えるので、「しがみつき」という名前をつけました。

私の場合は、どんなに疲れていても、我慢をして仕事に取り組むことが「しがみつき」だったわけですね。

はい、そういうことです。そこには「手放したくない」という大きな執着があるわけで……。だから「なぜそんな執着が生まれてくるのか」、自分で気付いて解決できれば最高なんですけれどもね。なかなか難しいことではあります。

「しがみつき」の代表格とは

「しがみつき」には、ほかにどんなことがあるんでしょう？　これはちょっと、興味本位でお聞きしたい。

「しがみつき」の代表格といえば、アルコール、つまりお酒への依存でしょう。私たちは不調に陥ると、眠れなくなることがありますよね。またそんなときは、不安がぐるぐると頭を巡り続けるものです。それが苦しくて、「眠りたい」「忘れたい」という思いからアルコールを利用する。そうですよね？

はい、その通りです（笑）。

「早く眠りたい」という思いでアルコールを飲むと、寝付きは確かによくなります。でも、アルコールはその処理に多くの水分を必要とするため、体が脱水状態に陥り、眠りの質が非常に悪くなってしまうのです。ここらへんのメカニズムは、前回もお話ししました。

はい……。覚えています。でも、わかっていても飲んでしまう、というか。

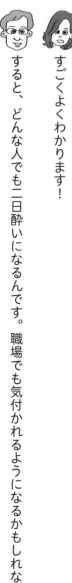

みなさんそうですよ。「アルコールを飲んだ結果、不眠の状想が悪化する」と気付いている人は多いものです。でも、スムーズな入眠はかなう。だから、やめられないわけです。**純粋に楽しむためのお酒ではなく〝イヤなことから逃れたい〟という思いで飲むお酒は、どうしても短時間の多量飲酒になりがちで危険です。**

すごくよくわかります！

すると、どんな人でも二日酔いになるんです。職場でも気付かれるようになるかもしれない。注意されることも増えるかもしれない。でも、本人にとってみれば唯一のストレス解消法なので、酒をやめることなんてできるわけがない。禁酒、断酒を説く人には、非常に強く抵抗します。これが典型的な「しがみつき行為」です。

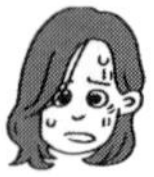

私も、今のままだと、そのレベルに進行しそうです。危ない危ない……。要は、何に「しがみつくか」ですね。

そうなんです。しかし、対象が何であれ、「しがみつき」は決していいことではありません。だって、仕事にしがみつけばしがみつくほど「休めない」という思考になるわけですから。

仕事を休まずがんばることはいいことですが、**何があっても休めないといった考えはよくない**ということですね。

そうです、そうです！

なるほど……。しかし、今の私はなぜ「しがみつき」という症状が、少し収まったんでし

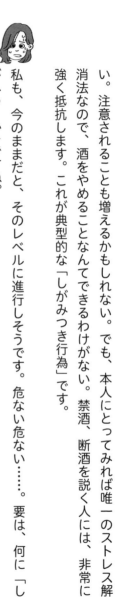

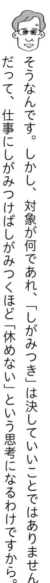

ょうか。仕事が山積みなのにもかかわらず、9時間睡眠を2日連続とってしまったわけですから。以前の私なら、考えられない行動です。

そうですね。私と対話することで、客観的になれたんだと思います。〝悩みを話すだけで気持ちがラクになった〟って言いますよね。対話するだけで、悩んでいる自分を冷静に見つめることができる。さらにがんばって続けてみた呼吸法で緊張がほどけたときに、寝てみようと思えた。そして、それを体験してその効果を実感した。それで「しがみつき」の症状が緩和されたんだと思います。この調子で行けば、「仕事を休みたい」という交渉も、できるようになるかもしれませんね。

でも、先生、今この本を読んでくれている読者はどうすればいいですか？　結局、先生のカウンセリングを受けないといけないってことですか!?

いえいえ、そんなことありませんよ。おかげさまで今の私のカウンセリングはなかなか予約がとれませんし。

先生以外の人と対話するにしても、誰かと話すこと自体がすごく億劫に感じることってあると思うんですよ。〝誰かに話す〟以外でも客観的になれるんですか!?

はい。そうですね。メンタルが弱っている状態だと誰かと話すことがストレスになることもあります。相手にもよりますが。先ほど説明したような、通常モードのアドバイスを受けてしまって、落ち込むリスクもあります。

なるほど。ではどうすればいいんですか?

もう、やってますよ。

え!?

この本を読んでいることで、客観的になっているはずです。読者のみなさんは、今、高木さんのメンタルの状況を想像し理解しながら、自分の状況はどうだろう? と考えていると思います。当たり前ですが、メンタルの状況は人それぞれなので、高木さんと比較しながら、自分の心の状態の理解を深めている。いわば、高木さんは鏡なのです。これで十分客観的になります。高木さんの状況を通して自分の心の状態を理解することは、遠回りなように感じるかもしれませんがとても大事なことなんですよ。あとは読者のみなさんそれぞれができることを実践して効果を体感すればよい変化につなげられます。

そういうことですか！　では、私は引き続き、私の悩みを先生に相談していけばいいってことですか？

はい、もちろんです。

「現状維持バイアス」からの脱却法

先生、今の私にもっとも必要なのは「仕事と距離を置くこと」だと気付き始めています。

素晴らしいですね、その通りです。私もそれを言いたかったんですが、自分で気付くことに大きな意味があるので、あえて指摘はしませんでした。まず睡眠をとる宿題を出したのは、体を休めることだけではなく、そうやって冷静に自分にとって今何が大事かを考えられるようになることです。プチうつゾーンに入ると頭の働き低速モードになっていますから、冷静に考えられない。だから「とりあえず寝ろ」は正しいんです。

なるほど、なるほど。

高木さんは、9時間睡眠を2日とったおかげで、頭の働きがよくなった。そして今の自分に必要なことがわかった。

はい。9時間睡眠をとってみて、気付きました。体はラクになった。気持ちもスッキリしました。ただ、一方でそんなの無理だという気持ちもあるんですよ。「取引先との契約関係を完全に解消し、長期で休む」か、「一時的に短期間休む」か、現状維持で「このまま自分をだましだまし、頭の働き低速モードで続ける」か。3択だと自分では思っています。まあ、正直なところ、現状維持がいちばんラクです。だって、「取引先との契約関係

を完全に解消する」のはリスクが高すぎますし、仕事を断るのって、とっても苦手なんです。「一時的に休む」という道でさえ、ちょっと怖いですね。だって、3か月も休んだ先に、「適切な量の仕事をこなしながら、プライベートも充実させて、バランスのとれた楽しい人生」があるのかどうか、確信が持てませんから。それならまだ、現状維持のほうが失うものが少なそう。

それが**〝現状維持バイアス〟**です。

何ですか、それ？

「現状を現状のまま維持したいと思う無意識の欲求」のことです。程度の差こそあれ、誰にでも備わった欲求なんです。似たところでは「茹でガエル」理論があります。「カエルをいきなり熱湯に入れるとあわてて飛び出して逃げるもの。でも、水から入れてじわじわと温度を上げていくと温度変化に気付かずに茹で上がって死んでしまう」。この教訓、見聞きされたことはないですか？

「茹でガエル理論」、聞いたことがあります。

要は、「少しずつ進むリスクは気が付きにくく、気が付いたときには致命的になっている」という教訓です。ビジネスの分野でよく言われる教えなんですが、心理学の分野でも、引き合いに出されることが多い理論です。

いやー、身につまされます。今の私も、茹で湯の中につかっているカエルみたいなものってことですよね。

はい。専門家として言わせてもらうと、早く休んでいただきたい。でも本人の危機感が薄いとなかなか難しいわけです。なぜ、早めの行動をおすすめしたいのかというと、その人が弱ってくれば弱ってくるほど、「変わること」に必要なエネルギーが大きくなる。そして、恐怖心も大きくなってしまうからです。

なるほど、遅くなるほど、億劫になるわ、怖くなるわでやっかいなわけですね。

そうなんです。でも、仕方がないですよね。本人が決断しないことには、何ともしがたい。今の高木さんの状況って、「目隠しをされた状態で、崖ギリギリのところを、細いロープを頼りに歩いている」ともたとえられるんですよ。実は、その崖ギリギリの道から1メートル内側には、アスファルトで舗装された歩きやすい道があるんです！

じゃあ私は、さっさと安全なアスファルトの道を歩けばいいじゃないですか。

でしょう？　誰でもそう思いますよね。でも高木さんの今の心の中には「崖っぷちでいくら危なくても、この道はまだ続いている」「体に違う動きをさせるのは億劫」という思いしかないんです。もう「合理的に考えることができない」というか、「変える勇気を持てない」というか。これが、「現状維持バイアス」。

なるほど、わかりやすい……そして、怖い。

そんな頑《かたく》なな心を柔らかくほぐしたり、勇気づけたりするのが僕たちの仕事なんです。もちろん、「最後のゴールまで、崖ギリギリの道を歩きたい」という人の場合、その生き方を応援します。それが、本人が選んだ生き方ですから。

「本人が選んだ生き方」って、どういうことですか？

「指を失ってでも、雪山に登りたい」という人を、止めることはできない

一例として、山登りが趣味のご夫婦の話をしてみましょう。高くて難しい山に登ることが生きがいのお二人です。実際、今まで多くの山を制覇してこられました。雪山含めてね。

でも、すでに多くの指を失っておられるわけです。

えっ、それは事故か何かですか？

凍傷《とうしょう》です。山登りが好きな人は雪山にも行かれますから。皮膚はマイナス4℃で凍りますが、冷たい風や低温にさらされるだけでも、凍傷になってしまうんです。もちろん手袋などで装備をしていても、凍傷になることはあります。山の上ではさまざまな作業をする必要があるから、手袋の隙間から雪が入り込むこともあるし。

えぇー、ちょっと待ってください。自分の指を失ってまでも、山に登りたいものなんです

か？　私には理解できません。

登山家には、そういう方は珍しくありません。もちろん、失った指の本数が多くなるにつれ、ロープを操りにくくなったりするわけですから、「雪山に登る」というのは自殺行為に近くなる。でも、それがその人たちの人生だから、誰にも止められないわけです。たとえどんなに危ないとわかっていても。それに、周囲が言ったくらいで、ご本人の価値観が変わるわけじゃない。

まあ、すごい人生ですね。私には理解できません。なんで厳しいほうを選ぶんでしょう。

でも、高木さんの人生も、他人からすれば「すごい人生ですね」と見えることがあるわけですよ。なんで厳しいほうを選ぶんだろうって。

あ！　そ、そうか……！

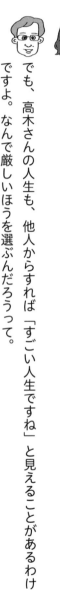

「面倒くさい」は能力が低いわけではなく、心が弱っているから

つまり、選ぶのは自分しかいないわけです。「現状維持バイアス」にしたがって、「このまま自分をだましだまし、頭の働き低速モードで続ける」という道を選んでもいいんですよ。それは「プチうつ」状態のまま、傷つきやすい状態のまま、ずっとペースを落とさずに、今の仕事を続けるということです。たとえて言うと**「すごく燃費の悪い状態でずっと生き続けるか？」と表現できます。**燃費のいい車のほうが世間的にはいいとされてますが、車好きの中には、燃費の悪い古い車が好きな方もいますよね。本人が自らの意思で選んでいるのなら問題はないです。

なるほど、そうですね。余計なことばかり考えて、お酒を飲んでそれをまぎらわして、ほんとうに集中すべき仕事にエネルギーを集中できていないわけですから、「燃費が悪い」っていうのはぴったりの表現です。

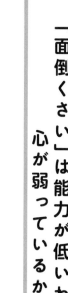

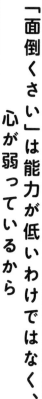

今の高木さんは仕事量が調節できなくて、仕事が多すぎて苦しいわけでしょう？　でも「仕事をやめたくはない」というとても矛盾した状況なんです。でも、実際、どうなんでしょう。思い込みを外して、考えてみませんか。「現状維持バイアス」から自由になれるかもしれない。もし仕事をやめたら、どうなると思いますか？

まず、生活費が稼げなくなります（キッパリ）。

はい……。その理屈はわかるんですが、突っ込んでお聞きしますよ。それって、ほんとうですか？　仕事をやめたら、ほんとうに生活が成り立たないわけですか？

いえ、生活できます。数年間は、都内でひとり暮らしは可能だと思います。

そうですよね。それも「数年間」って、けっこう長い期間じゃないですか（笑）。

もちろん、贅沢しなければの話ですが……。

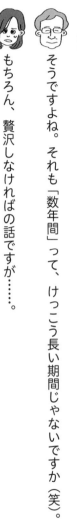

それならなぜ、たった数か月休むことができないんでしょう？　一般的な社会人の感覚で考えたら、「数か月休んで、心身の調子を整えて、また仕事に戻る。無理なら他の仕事を探す」って前向きにとらえられるはずなんですが。

その数か月を休んだせいで、「その先、何の仕事もなくなってしまう」って、悲観的に考えてしまうんです。なぜ、悪いほうに考えてしまうのか、自分でもよくわかりませんが……。

それはきっと「大きな変化に対応していくこと」を重荷に感じてしまうからでしょう。「大きな変化に対応するくらいなら、多少しんどくても変わらないことを選ぶ」。そんな思考は、「心が強い」状態か「心が弱い」状態か、どちらかと聞かれれば「心が弱い」状態ということになります。ただ勘違いしてほしくないのですが、今心が弱っている状態なだけで、高木さんの心そのものが弱いっていうことではないんです。今それだけのエネルギーが残ってないってことです。**「面倒くさい」と感じる場合は、その人の能力が低いわけじゃなく、「心が一時的に弱っているからだ」と思っていい。**

よかった。「能力が低いんじゃない」と思うと救われますね。それで、私はいったいどうすれば、「崖っぷちのしんどい道」ではなく「舗装された歩きやすい道」に移ろう、って思えるようになるんでしょうか。今、頭では思ってますが、なんで変われないんでしょう？いつになったら、この「燃費が悪すぎる状態」から抜け出せるんでしょうか？

体のコンディションに心のコンディションは左右される

人って成長したい、変わりたい、って思っていてもなかなか変わらないんです。それが普通です。読者のみなさんも、なんで私は変われないんだろう……と思っているかもしれませんが、それが普通なんです。

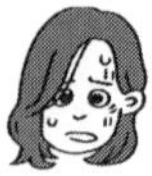

変われないんですか。

いえ、変われます。**人はなかなか変われないけれど、変われます。**ただ序章でも少し

お話ししましたが、**〝これさえやればスーパーマンになれる〟**というような**目新しくて刺激的なものばかり求めていると、すぐ幻滅して、また刺激を求めるの繰り返し。自信がだんだんなくなるだけで変われない人が多い。**

では、人間はどういうときに変わるんですか？

なかなか変われない人でも、**「体験・経験」をきっかけに変わることが多い**です。

それって、大きな事故とかそういうのですか？

もちろん、大きな出来事で人間は変わります。でも、大きなことだけではなく、小さなことでも変わります。少しでも〝変わった〟体験を積み重ねると人間は変わります。高木さんの仕事へのしがみつきがゆるんだのも、9時間睡眠×2日を体験したからでしたよね。あとは、イメージの力。この本を通して、高木さん、そして読者のみなさんの「心」「メンタル」に対するイメージを少しずつ書き換えることができればな、と思っております。

確かに、すでに心に対するイメージはだいぶ変わりました。

この本を読むことだって、一種の経験です。高木さんも読者のみなさんも新しい心のイメージをつくりながら、一緒に変わる「体験・経験」をしているわけです。

なるほど。で、先生。私はどうやったら今の「燃費の悪い状態」から抜け出せるんでしょうか？

そうですね、じっくり考えてみましょうか。まず、今の高木さんは、取材活動などはまだ、普通にこなせているということですよね？

はい。家での作業が、はかどりにくいと感じることはあるんですが、外に行くと、そうじゃない。昔と比べても「パフォーマンスは落ちてない」って感じられるんです。むしろ、楽しいですね。それはやっぱり、取材自体が「好きなこと」だからと思います。だから現場にさえたどり着けば、何も問題はありません。というか、私からこの仕事をとってしまえば何も残らない。原稿を書くことが、唯一「きちんとできていること」だから、仕事が

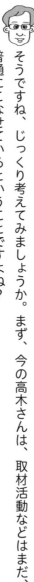

私の存在証明みたいになっています。だから、今の私からそれを取り上げると、まずいんじゃないかなという気がするんです。

なるほど、なるほど。よくわかります。仕事への自信が「壊れそうな自分」を支えてくれている。高木さんは、そうとらえているわけだ。

はい。あと、仕事をしている間はいろいろ忘れることができますね。不安とか、自責感とかも湧いてこない。

そうですね。仕事に取り組めば取り組むほど、つらい感情は遠ざけられるし、責任を果たせた気がするし、自信も保てる、と。その心理はとてもよくわかりますよ。でも……。

でも、何ですか？

おそらく通常時よりも数倍のエネルギーを使うから、その後に疲れ果ててしまうはず。取材で燃え尽きるというか、その後、集中できないでしょ？

先生、なんで、そんなに私のことがわかるんですか⁉

高木さんの状態は、典型的な〝仕事由来のプチうつ〟状態だから。優秀な職業人に多いタイプなんですよ。「先週、2日連続で9時間睡眠ができた」と聞いたとき、「しがみつき」は少し弱くなったかなと思ったんですが、高木さんの心の奥底にはまだ、「しがみつき」の症状が横たわっているようですね。まあ、そんなにすぐ、なくなるわけはないので、気長にいきましょう。もう少し疲れがとれれば、「命かけて仕事しなくてもいい」って思えるはずですから。

ほんとうですか？　そうなればいいなあ……でも、疲れがとれたくらいで、そんなふうに思えますかね？

はい。というか、疲労がとれれば、心が強くなりますから、感じ方も変わります。ただ、この〝疲労をとる〟というのがなかなかやっかいなんです。**表面的な疲労だけではなく、長い年月をかけてたまりにたまった、〝蓄積疲労〟をとっていかないといけない。**

蓄積疲労？

はい。蓄積疲労について詳しくは3章で説明しますが、この蓄積疲労というのは、たまっていることすら気付かなかったりします。その疲労に気付かずに、またがんばってしまいます。深い「うつゾーン」に入ってしまうと、もう朝起きられなくなったりして、がんばれない状態にまでなるのですが、高木さんのような「プチうつゾーン」にいる人はがんばれちゃうんです。そしてまた疲労がたまる。

実際、私は今、がんばりたい気持ちもあります。9時間睡眠とって、少し元気になって、休んだ分を取り戻したい気持ちもある。でも、またつらくなるような気もします。

高木さん、高木さんが「プチうつゾーン」から、抜け出すために必要なことは、ズバリ……。

ズバリ……？

がんばらないことです。正確には、がんばらないことをがんばるです。

がんばらないことをがんばる!?

がんばろうとすることは素晴らしいことですよ。でも、がんばろうと思ったときに、グッと堪えて、がんばらずに自分を甘やかすくらいの気持ちで休む。こうしないとなかなか、蓄積疲労はとれず、「プチうつモード」から抜け出せない。多くの人がこのことに気付いていないので、がんばってしまうんです。現代人は目の前にやるべきことが山積みですから。

やるべきことが山積みなら、なかなか休めないですよね？　みなさんどうするんですか？

あえて「だまされること」も、治療の一環

クライアントのみなさんには、「とにかく僕にだまされてみなさい」とお願いしています。

へぇ？　「下園先生にだまされる」って、いったいどういうことですか？

プチうつ状態の人には、「休んでください」という僕のお願いを、鵜呑みにしてもらって、とにかく1か月、2か月という単位で休んでもらうわけです。これも体験ですね。具体的には会社なり仕事なり人間関係から距離を置くことを実行してもらうわけです。いかなる事情があろうと、です。そうすれば、1か月、2か月後には体調も、心の強さも回復して、違う見方ができるようになり、理想的な生活が送れるようになりますから。「僕に、あなたの1か月、ないしは2か月をくださいよ」とお話しすることもあります。

1か月、2か月ですか。

はい。「日にち薬」という言葉が象徴しているように、時間の絶対的な長さが必要なんです。だって、「心に変化が起こる」「見方が変わる」って、かなり大規模な異変ですよ。

それは、わかります。

荒《あら》療《りょう》治《じ》と思われるかもしれませんが、実際はそれくらい大ナタを振るわないとダメですよ。小手先のテクニックじゃなかなか変わらない。厳しい言い方をすれば、高木さんの人生は、ここ数年、ずっとしんどかったわけでしょう？

はい、ここ5年くらいですかね。

その間、心の底から「楽しい」とか「生きててよかった」とか感じられる瞬間が、減っていたと思うんです。人生って、長いようで短いです。「楽しいこと」を「楽しい」と感じられない時期が数年という単位で続くなんて、もったいないとは思いませんか？　だって、それまでは「楽しい」って感じられていたわけですから。

グサッときます（笑）。その「休む期間」の長さが気になるんですけれども、何か月かかるのが普通なんですか？　みなさんいったいどれくらい、休むわけですか？　まあ、こういうときに平均値を求めるのもおかしな話かもしれませんが。

要は、「借金をどう返していくか」という問題と同じなんですよ。

へ？

蓄積疲労の〝返済期間〟は、人それぞれ

今までがんばれていたのも、要は、借金していたようなものなんです。負債です。エネルギーが切れて休むべきところを、エネルギーの借金をしてがんばっていたんです。そのたまりにたまった負債を、どういうペースで返していくか。これが蓄積疲労をどうとるかの話です。それは個人の体調や事情で、おのずと決まってくるものでしょう。たとえば、5000万円の住宅ローンを35年間で返そうとする人もいれば、一方でお金に余裕のある人は20年で返せる人もいる。

なるほど。できれば早く返したいですね。

そうですね。蓄積疲労の解消も同じで、完全に休めるのなら返済期間は短いけれど、少しずつしか返せないのなら返済期間は長引く。個人差があるとはいえ、高木さんも一応の目安を知りたいですよね。通常、会社に勤める人が休職して仕事を休んだ場合、体の疲労が抜けるのが1～2か月くらい。仕事には3か月くらいで復帰するのを目指しますが、「考え方のクセ」が治るのは半年くらいで、自信が元に戻るのが、最短で1年くらいかかります。

ふむ……。やっぱりけっこうかかるんですね。私も「仕事を休んだほうがいい」とはわかっていますし、その期間についてのイメージもつかめました。でも実際、いつ、どんなタイミングで休めばいいのか、わかりません。こちらから何も言わないと、割り当てられた仕事が、メールでどんどん、定期的に依頼される仕組みになっていて……。最近も、新規の仕事が始まったばかりです。

そんなの、簡単ですよ。高木さんが、ひとこと、断ればいいんです。

断る？　下請けの、この私がですか？　立場の弱い私が、そんなこと言えるわけないじゃないですか！　向こうも驚きますよ。というか、いっぺんに嫌われちゃいます。読者の人で会社員の人も多いと思いますが、会社員でもなかなか断れないんじゃないでしょうか。

ほんとうにそうでしょうか？　だって、高木さんは優秀なスタッフのひとりなんですから、もし欠けてしまったら、取引先の損失になる。

体の疲れからラクなほうを選ぶうちに、人間関係もいびつになる

いや、でも力関係が最初っからいびつなんです。そういえば、少し前のことなんですが、仕事の打診が来たときに「忙しすぎて、無理です」ってお返事したことがあるんです。そうしたら、「すごく不快です」っていう攻撃的な文面のメールが返ってきたことがありました。あれは今でも、私のトラウマになっています。

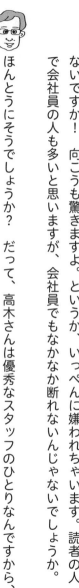

そうなんですか!?　そんな力関係って、あるんですか？　じゃあ「こんなお仕事があるんですけど、お願いできますか？」って、一応疑問形で聞かれているのに、実質「ノー」とは言えないんですか？

そうです、そうです。私もそれがわかりきっているので、いつもは「かしこまりました」って手短に返信するだけだったんですよ。そのほうが相手もラクだろうと思って。まあ、私もラクですし。上司からの依頼も実質断れなかったりすると思いますよ。

高木さん、それは優等生すぎやしませんか。

仕方がありません、それも下請けとしての私の処世術のひとつですから。だって、「かしこまりました」ってひとこと返すだけで、向こうから感謝の言葉をもらえるんです。「急なお願いなのにすみません」とか「助かります」とか「高木さんに頼めてありがたい」とか……。だから、断らないほうがラクというか、一瞬でも幸せな気分になれるというか。

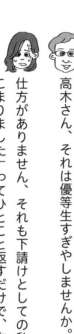

ディスカッションで、考えグセが可視化される

そうですか。ではここで少し一緒に考えてみましょうか。その即答グセって、常識的に考えても「まずい」ってわかりますよね？

でも、断るほうが、取引先から見ると「悪い人」ですよね？

高木さんは、その取引先のために、生きるわけ？　大事な一生を捧げるんですか？

だって、コンスタントに仕事を請け負うという契約でお金をもらっているわけだし、私がいただいている対価に応じた働きをしなきゃいけないと思うんです。そうなると、私の体調とか、事情とかで「仕事を断る」なんて、個人のわがままだっていう気がするんです。

そうか、「わがままはいけない」って思うの？

社会人としては、「わがまま」はいけないと思います。

わかりました。先ほども言いましたが、こういうふうに、対話をするのはとても大事です。高木さんがしがみついていた、「考え」が明確になります。そしてそれを客観的に認識できます。

確かに、今先生と話すことで、炙《あぶ》り出されている感じがします。

今までの会話でいくつかのことが明らかになりましたね。〝高木さん流にわがままを排して、同時に楽しさも排して、今の燃費の悪い状態で働いていく道を選ぶ〟もしくは〝多少のわがままを言って休みをもらい、楽しさも手に入れて、燃費のよい状態に戻る道を選ぶ〟どっちがいいでしょうかね。

難しいです。すぐには決められない。

そうですね。考えるのは、もちろんゆっくりでいいんです。つまり高木さんの場合「休みたいな」という気持ちと「裏切りたくない」という気持ち、相反する気持ちの間で揺れ動いているんです。もちろん、どんな人も、「休みたい」「裏切りたくない」という気持ちは両方抱えながら生きています。高木さんは、そのバランスのとり方がいびつなんです。言ってしまうと「裏切りたくない」という気持ちのほうが強すぎて、そのしわ寄せが体にきているわけです。

それは、すごくよくわかります！

そのしがみついていたものと、うまく距離をとって、バランスをとれば解決するんです。でも、そのバランスをとらせないように、高木さんの心がストップをかけている状態です。今回の場合は、少しずつでいいから「裏切りたくない」「裏切るのはダメ」という考えから少し離れることが大事です。

少しずつでいいんですね。

はい、**多くの人は一気に変わろうとしますが、人は一気には変われません。**よっぽどのことがない限り。このとき役に立つのが、「7：3バランス」です。目標のレベルに一気に到達しようとするのではなく、ほどほどのレベルから調整する。その目安が「7：3バランス」です。

変わりたいときは「7：3バランス」で

「7：3バランス」？

高木さんは、きっと「断れる自分」になりたいわけですよ。それが、高木さんが「心を強くする」目標だと思ってください。でも、高木さんの中には「断れる自分」と「断れない自分」がいる。今は、「断れない自分」の比率のほうが圧倒的に高いわけです。で、「断れる自分」から「断れない自分」まで、その距離を10段階に区切ってみましょう。そして、3〜7の間の行動をとっていけばいいんです。それが「7：3バランス」です。

うーん、ちょっと理解しづらいです。具体的に、どういうことなんでしょう？

たとえば「どんな仕事もまったく断らない」というのでは、「断れない自分」100%。今までの高木さんと同じですから、そこにいたら成長はない。だからといって「断れる自分」100%で、突然すべて断り始めたら、トラブルが起こるかもしれない。だから、その中間の行動をとればいいわけです。「中間の行動」って、何か思いつきますか？

そうですね、きっと誰が聞いても納得せざるをえない理由を挙げればいいんですよね。たとえば「体調不良」を理由に断るとか？　それこそ、先生が先週おっしゃっていたような仮病とか。もしくは実家の都合とか……？

そうですよ。「上手に断れる人」をイメージして、実際に断ってみてください。たとえば芸能人でもいいんです。角が立たないように、低姿勢で上手に断ってみる。そんなことを繰り返すうちに高木さんの心は確実に変わっていきます。**実際、そうやって行動を積み重ねていくしか、心を変えることはできませんから。**たとえば「座禅を組んで、心を

強くする」とか、そういった「修行」的なことは、今の高木さんの心を強くすることにまったく意味はありませんから。現実の世界で、行動あるのみ！

そうなんですか……。

そして大事なことは、実際に行動をしたあと「よかったじゃない！」って自分に言い聞かせることです。たとえどんな結果が出たとしても、ポジティブな方向にとらえておくこと。そうじゃないと、次の行動に踏み出せないから。

わかりました。とはいえ、実際はなかなか断れないかも。

即答グセを防ぐ2つの方法

はい、そうおっしゃる人、ほんとうに多いんです。「断り方」について、さらに詳しくお

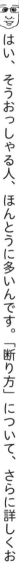

話ししておきましょう。**ポイントは、「即答グセ」つまり「反射的にイエスと言ってしまうクセ」を修正すること**です。高木さんが断れないのは、「熟考して断れない」というわけではなく、「反射的に断れない」というクセを持っているからです。そのことをまず、意識してください。というのも、「私は熟考したうえで、断らないのだ」と思い込んでいると、「考え方を変えれば、自分でも断れる」と勘違いをしてしまうからです。高木さんは、**熟考したうえで断れないわけではなく、「イエス」と言ってしまうクセがあるだけ**なんです。

はい、よくわかります。私、単にイエスマンなんです。

でしょう? で、いったん引き受けてから、それを後悔し、ずっと考えて、結局断れない。その間の「後悔」を、「熟考」と勘違いしていることがあるかもしれません。その「後悔」している時間って、本当にムダですからね。「自分責めモード」を引き寄せるだけです。

はい、先生のお話、グサグサきます。

「即答グセ」を防ぐ2つの方法を、お伝えしておきますね。1つ目は、あらかじめ何度も「断る練習」をしておくこと。メンタルトレーニングと言い換えてもいいでしょう。何かを頼まれたときイエスと返すのではなく、「少し考える時間をください」「あとからご返信します」など、保留する答えを出すように練習しておくんです。十分に練習しておくと、そのようにスムーズに答えられるようになります。

なるほど。もう脊髄《せきずい》反射のレベルで、即答していましたね……。

2つ目は、断るときに「自分なりの言い訳」を心の中に準備しておくことです。高木さんは、「断れないのは相手の気分を害するから」と思っているかもしれませんが、違うんです。断るときに、自分自身に言い訳ができていないから、断れないのです。

はい、その通りです。自分自身への言い訳なんて考えたこともありません。

でしょう？　それに、たとえ断ったところで、明確な理由を根掘り葉掘り聞かれることなんてないはずです。「すみません、立て込んでおりまして、お役に立てそうもありません」

ぐらいで十分でしょう。でも高木さんは気配りグセが強い。だから、断るための自分なりの理由やルールを求めてしまうんです。でも、そんな理由もルールもないから、断ることができない。それなら、あらかじめ用意をしておけばいいんです。たとえば「土日は体調を整えるため、仕事を請けないようにする」などのマイルールです。

ええー、今まで土日こそ、ガツガツ仕事をしていました。

それで、こんなにひどくなったんでしょう？　だから、仮にでもいいから、ルールをつくるんです。もちろん、相手にそれを公言する必要もない。心の中で留めておいていいですから。そんなこと伝えた途端に、相手に説得されるきっかけを与えることになりますからね。ですから見かけ上は、単に「申し訳ございません」と言って断るのが、高木さんにとっていちばん上手な断り方です。相手に、情報を与えすぎないことがポイントです。

……すごいですね、そんなこと、考えたこともありませんでした。「断る練習をする」「断るための理由やルールを用意しておく」。すごく効きそうですね。

断れる人になるための練習

じゃあ、今回の課題を出しますよ。引き続き、仕事をサボってでも、8時間睡眠をとること。そして、実際誰かに何か依頼をされたとき、反射的に「イエス」と言わず、キッパリ断ること。この2つを実践してみてください。

ええー。さっそく「断る」練習ですか。

はい、高木さんは「断る」ことについて、小さな成功を積み重ねていく必要があります。もちろん最初から、「仕事の依頼」を断る必要はありません。それは最終目標にとっておきましょうか。まずは身内や知人から、何か頼まれたとき、それを「断る」練習をしてみてください。なんなら「やらせ」でもいいくらいです。

え、どういう意味ですか、それ？

たとえば、ごく親しい友人に「コンビニでジュース買ってきて」と、思ってもいないのに、わざわざ言ってもらう。高木さんは、「今は無理」と答える。そして友人に「じゃあ、いいよ」とリアクションをとってもらう。すると高木さんの心の中で「頼まれごとは断っても大丈夫」という新たな価値観が生まれることになる。その価値観の小さな芽を、大きく育てていけば、やがて大きな頼まれごとも、スムーズに断れるようになります。

なるほど、「断る練習」って、そういうことから始めてもいいんですね。親しい友人になら、気兼ねなく頼めます。

でしょう？　「断っても大丈夫」という価値観を、自分の中に育てることからですよ。

なるほど。そういえば今まで、私の中に「断る」っていう概念はありませんでした。

興味を持ってもらえたようでよかったです。次回は、もっと重要なお話をしていきますよ。

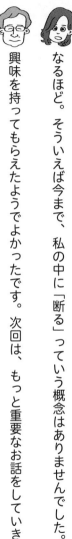

ええーっ、私、「プチうつ」っていう宣告だけでも参っているんですが……。

まあまあ。ご自身について、また新しい視点を得られるはずです。自分の状態を的確にとらえられるようになり、さらに理解が深まるでしょう。それは、今の高木さんにとって、確実にプラスになる。新しい価値観と向き合ってください。もちろん、しんどくない範囲で。

わかりました。楽しみにさせていただきます。

次週までの宿題
（この本をじっくり読みたい人向け）

- □ 引き続き、この1週間、できるだけ8時間睡眠を確保する
- □ この1週間、1回でいいから誰かに何かを頼まれたとき、キッパリと断る

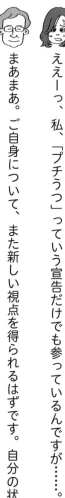

第3章

知らず知らずのうちにためた心の借金を返しましょう。

先生、今回もよろしくお願いします！

お、高木さん、今日はいつにも増して元気ですね。さては、何かいいことがありましたか？

はい。今日はそれを早くお伝えしたくて……。この時間が待ち遠しかったです。

何があったんですか？　もしかして、もしかして？

私、2か月、仕事を休めることになりました！

おおお！　それはすごい。先週の高木さんの課題は、確か「引き続き8時間睡眠をとること」と、「断る練習をすること」でしたよね。私はそれが、「休みたいと交渉すること」に段階的につながれば、と考えていたんですが、もう一足飛びに「休みの獲得」までいけたんですね。しかも2か月って、いい感じの長さじゃないですか！　しっかり休めそうですね。

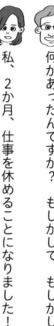

もう、下園先生に「だまされた」と思って交渉しました（笑）。私の2か月間を、下園先生に託すつもりで、休みを獲得しました。2カ月後、仮に仕事がなくなったとしても「まあなんとか生きられるだろう」って、大らかにとらえられるようになりました。

すごいですね、なんでそんなに短期間のあいだに、現実のとらえ方を大きく変えられたんでしょうね。私はそこに興味があります。

先週も、睡眠時間を十分とったからでしょうか。寝る前にお酒を飲むことをキッパリやめて、1時間でも多く、良質の眠りをとるようにしました。

とはいえ、すでに請けてしまった仕事は、まだ山積みなんでしょう?

そうなんです。でも「仕事をサボってでも、8時間睡眠をとること」っていう先生の言葉を免罪符代わりにして、「仕事が残っていても、まあいっか」「眠ることが私の仕事」と言い聞かせて、半ば強制的に横になることにしました。

おお、それは素晴らしい。よかった、よかった。

休みをとったら、余計に体が動かなくなったワケ

でも先生、また新たな問題が出てきてしまいまして。

何でしょう?

「休む」と決まった途端、実は体が動かなくなったんです。お恥ずかしい話、前以上に仕事ができなくなってしまったんです。最近は睡眠時間をちゃんととっているんですよ。なのに……。

きましたね！　大丈夫です、私の想定内の症状ですから。で、具体的にどんな感じです

か？

手持ちの仕事が山ほど残っています。それに加えて、「引き継ぎの書類」を作らなければいけなくなった。だから、それらを光速で処理してスッキリしたいんですけれど、なかなか進まない。たとえば「1日3本のペースで原稿を書けば、3日で終わる」という具合に試算をしているんですが、実際は1日1本を書くのがやっと。明らかに、いつもの私じゃない。以前の「頭の働き低速モード」が「超低速モード」になってる感じです。もう、情けなさすぎて、自分でも信じられません！　普通に考えると、「休む」と決まったら、そのために一層がんばれそうなものなのに、なぜ逆にペースダウンしてしまうのか……。謎すぎてモヤモヤします。

高木さんは、とてもよい点に気付かれましたね。その「休めると決まった途端、がんばれない」という現象って、うつの人、プチうつの人にあるあるの現象なんです。だから、決して自分を責めないでくださいね。

ほんとですか？　私の怠けグセのせいかと思いました。

あのですね、高木さんは、人並み以上のがんばり屋さんですから。高木さんの「普通」の基準は、「普通」じゃないですからね。そこを差し引いて考えてくださいよ。怠けグセどころか、人として正常な反応ですから。今まで脳内に分泌されていたアドレナリンが、分泌されなくなったから、過剰にがんばることが難しくなり、**本来感じるべき疲労感がやってきた**。そうとらえてください。

アドレナリン？

はい。アドレナリンという脳内物質が無意識のうちに分泌されていたことによって、高木さんは本来感じるべき疲労を感じていなかったわけです。

へえ？「感じるべき疲労を感じていなかった」って、それは私がラッキーだったたってことなんですか？

先送りしていた疲労が、突然やってきた！

表面的にはそう思ってしまいますよね。でも、恐ろしいことに真逆なんです。高木さんは「疲労を感じること」を、先送りにしていただけ。今まで数年間分の「感じるべきなのに感じていなかった疲労」を、これから感じることになるんです。つまり、**高木さんは疲労を感じるべきときに、エネルギーの借金をし続けて負債をつくっていた**のと同じ。これが蓄積疲労の正体です。疲労の負債ともいうべき蓄積疲労を、これから返済していくわけなんです。

えええええ……。ちょっと待ってください。「借金と同じ」って、確かに前回も聞いてはいましたけど、忘れてしまいました。私は、やっと獲得した2か月を、遊び回ったり、旅行をしたり、自由気ままに動き回れるわけじゃないってことですか。

もちろん、自由に遊び回れるようになるのが理想ですよ。そこを目指せれば最高です。で

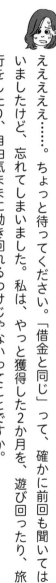

も現実問題として、今の高木さんはしんどいわけでしょう？　さっき「体が動かなくなった」っておっしゃったじゃないですか。僕はそこを心配しているんです。蓄積疲労は目に見えません。つまり、どれくらい疲れているか、自分自身でもわからない。回復までにかかる時間も、予想がつかない。だから、カウンセリングを続けながら休むことが大事なんです。

そうなんですか!?　そんな話、初めて聞きました。休みが借用書みたいに、蓄積疲労が可視化されればわかりやすいのに。疲れが見えなすぎて、これじゃ先の予定なんて立てられませんね。

僕の見立てだと、高木さんの場合は数年単位の疲労が蓄積していると思いますよ。ほんのわずかな日々の疲れが、たまりにたまって、今のプチうつ状態を引き起こしているわけですから。

あのう……。都合のいい考え方かもしれませんが「蓄積疲労」ってものを、無視し続けるわけにはいきませんかね？

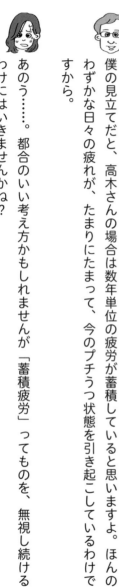

無理です（キッパリ）。というか、みなさん、蓄積疲労を無視し続けることで、あるとき突然異変が起こるわけです。たとえば仕事の能率低下や、自責感、無力感、不安感……。それらは「気のせい」でも「加齢のせい」でもなんでもなくて「プチうつ」の立派な症状ですから。それが深刻化すると、大爆発をしたり、静かにポキンと折れてしまいますからね。

「大爆発」？　「静かにポキンと折れる」？　どういう現象ですか？

たとえば、「他人にむき出しの感情をぶつけてしまって大問題を起こしてしまったり、何らかの病気を発病してしまう」のが「大爆発」。一方「死にたい」と思ったり、自殺の衝動に駆られてしまうのが「静かにポキンと折れる」という現象。後者は深刻なうつ状態。

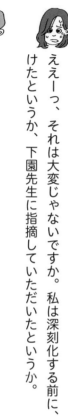

えぇーっ、それは大変じゃないですか。私は深刻化する前に、気付けたわけですね。気付けたというか、下園先生に指摘していただいたというか。

はい、実はけっこう危ないところでした。1章で話してくれた「テレビの予約録画の操作ができなくて涙がひとりでに出てくる」なんていう症状は、かなりの程度まで進んだ「プチうつ」の証拠です。

怖い……。私、下園先生にお会いしていなかったらと思うと、ぞっとします。しかし「ちょっとツラいけどがんばる」と思いながら何のケアもせず、仕事にしがみつき続けることが「蓄積疲労」を無視することになるんですね。そんな人、今の日本にいっぱいいると思うんですけど。

「蓄積疲労」の怖さを知らない人が多すぎる！

そうなんです。現代人は多かれ少なかれ、蓄積疲労をガン無視しています。というか、「多少の疲労は無視して働かないといけない」という現実的な問題が大きい。どんな状況であろうと、毎日働いてお金を稼いで、生活していかなければいけないわけですから。ただ、「疲労は蓄積しすぎると、大爆発したり、最後にポキンと折れてしまう」という事実

を知っているだけで、悲劇は防ぎやすくなるもの。休むことに罪悪感を抱きにくくなるはずなんです。だから「明日の自分のために、あなたの大切な人のために、堂々と休みましょう」と啓蒙するのも、私たちの仕事のひとつです。

なるほど。私、そのお話、今とっても腹落ちします。自分の心の動きがわかると、スッキリしますね。このところ、自分の行動や感情の動きを、自分でコントロールできなくて、謎だったんです。

じゃあ、今がちょうどいいタイミングだと思うので、「蓄積疲労がたまりすぎるとどうなるのか」について、体系立ててお話ししていいですか。ちょっと専門的になるかもしれませんが、多くの人に当てはまることなので。

ぜひお願いします。私についても当てはまることですよね。

まさにそうです。1章で、心の状態を「通常ゾーン」「プチうつゾーン」「うつゾーン」の3段階で説明しましたね。蓄積疲労についても、「3段階」に分類されるという話なんですが、

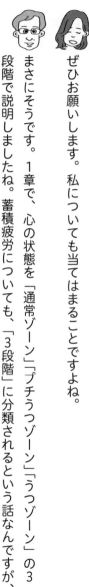

今の高木さんは……。

「2段階」ですよね？　「プチうつゾーン」だから。

はい、そういうことです。心の状態は、蓄積疲労の度合いと比例します。185ページの図を見てください。

これは1章で見た図に似てますね……あれ？　〝疲労2倍モード〟って何ですか？

「蓄積疲労」の3段階

これは、〝何でも2倍になる〟という意味です。

蓄積疲労の3段階
1段階＝通常モード
刺激を受けてもすぐ戻る
2段階＝通常モード＝疲労2倍モード
ズキ
ズキ
刺激×2で2倍のダメージ
3段階＝通常モード＝疲労3倍モード
ズキ
ズキ
ズキ
刺激×3で3倍のダメージ

どういうことですか？　しんどさも2倍ってこと？

はい。たとえば、**これまでと同じような働き方でも「2段階」では2倍の疲れを感じ、回復に2倍の時間がかかるようになります。**

それって、すごく損じゃないですか！　あ、それで下園先生は私のことを「燃費が悪い状態」だとおっしゃったのですね……！

そう、燃費が悪いんです。しかも、イヤな出来事に対しては2倍のショックを受けるようになってしまう。2倍傷つきやすくなる。つまりちょっとしたことで、傷ついてしまう。「疲労は、その人の感受性から変えてしまう」と言えるんです。

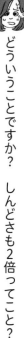

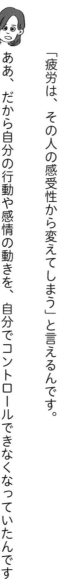

ああ、だから自分の行動や感情の動きを、自分でコントロールできなくなっていたんですね。

いろいろ思い当たることがあるでしょう？　この「疲労2倍モード」になると、うつっぽい症状がいよいよ出始めます。ちょっとしたことなんですが、それが原因で他人と衝突しやすくなったりしちゃうんです。たとえばいつもと同じ仕事なのに、なぜか手間に感じたり、効率が悪くなったり、また無理やり押しつけられたように感じたり。他人の何気ないひとことに過剰に反応してしまい、感情を逆なでされたり、傷つけられたり……。わかりやすく言うと、被害者意識が大きくなるというか、被害妄想気味になるというか。客観的に見ると「大したことのないこと」にも、過敏になってしまうのです。

それ、とてもわかります。

心に、ストレスをためるコップがあることをイメージしてみてください。蓄積疲労はこのコップの底にたまっています。2倍モードでは半分くらい、3倍モードでは8分目まで最初からたまっているイメージです。もちろん通常モードは空です。たとえば、仕事でトラブルがあってストレスがかかる。通常モードだと簡単にはあふれませんが、2倍や3倍モードだと、すぐにあふれてしまいますね。

これはわかりやすいですね。だから私は過敏になっていたのか。

ストレスを
ためる心のコップ
通常モード
空の状態
ストレスがあっても
あふれない！
疲労2倍モード
蓄積疲労が
半分たまっている
ストレスがあると…
あふれやすい！
疲労3倍モード
蓄積疲労が
8分目くらいたまっている
ストレスがあると…
すぐ
あふれる！

通常モードでも、たまったストレスをためたままにしておくと、それが蓄積疲労に変わっていくので注意が必要です。

なるほど。たとえば前に同窓生の女医にわけもなく嫉妬していたのも、「2段階」のせいだったんでしょうか？

感受性も変わってしまうのが「2段階」

間違いなくそうですね。「2段階」になると感受性が、もう普段とは違うわけですよ。目に入るものがみな、敵に見えるというか。自分を傷つけてくるように見えるというか。なので、そういう姿は、はたから見ても、「いつもの〝その人〟じゃない」と感じられます。専門用語でそのような状態を「別人化（うつ的性格化）」といいます。

それ、言い得て妙ですね。確かに、昔の自分じゃない気がしますもん。現に、その女医の

同窓生と、数年前にも会ったことがありますが、そのときは嫉妬の気持ちなんて湧いてこなかった。いや、怖いですね。あのとき実際に、彼女に食ってかかるような展開にならなくてよかった。家に帰ってきて、自分を責めるだけだったから、トラブルにはならなかった。もっとも私、イヤな表情で彼女と話してたかもしれません。

そうですね。面と向かって、余計なひとことを口に出さなかっただけでも、大したものですよ。「2段階」の場合、心が過敏になって、言うなれば「戦闘モード」に支配されてしまうんですよ。だから怒りっぽくなって、喧嘩っ早くなりがちなんです。ほかにも、ネガティブな記憶が呼び起されやすくなるし、笑顔も少なくなっていくし、トラブルを誘発しやすいのは事実です。

つまり、早く気付いてケアしないと、大事な人間関係にもヒビが入りかねないってことですね？

そう！　それも怖いところなんですよね、実は。相手がもし優しい人で、近しい関係の人なら「うつだから仕方がない」って許してくれるでしょうけど。あとから、なかなか申し

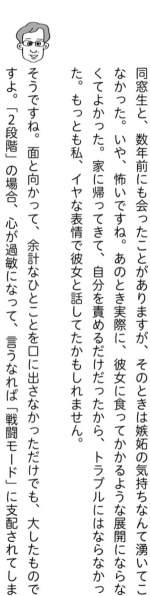

開きなんてできないですから。「実はあのとき、2段階で、別人化してて、ひどい暴言吐いちゃいました」って言い訳できればいいんだけどね……。あと、人って自分の疲労に気付きにくいものなんです。「疲れの感覚があてにならない」と表現すればいいでしょうか。

それはなぜですか？

「疲労」って、そのときどきで感じ方が変わるものなんですよ。たとえば「尿意」と比べてみればよくわかる。尿意の感じ方って、いつでも〝不変〟じゃないですか。体調がよかろうと、悪かろうと、もう〝絶対〟です。「体調がよいから尿意をいつもより長く我慢できる」なんてことはない。でも、「疲労」って気合いや、取り組んでいる対象への思い入れややりがい、〝切羽詰まり感〟などで、感じ方がまったく変わってしまうんですよね。

わかります。「明日が締め切りだ」と思えば、疲れなんて吹っ飛びます。でも、締め切りまでがんばったあとは、一時的にグダーッとゆるんで倒れ込むように眠ることもある。疲れるのを、先送りしている感じがします。

まさに、その状態です。「今は乗り切らなければいけない」とか「とにかく急いで、処理しなければいけない」という緊急事態になると、人は疲労感を麻痺させてがんばってしまうわけです。脳にアドレナリンを分泌させてね。その人が好きなことややりがいのある仕事ほど、自動的にオーバーワークになりがちなんです。だから、働きすぎを防ぐため、一般的な組織では、勤務時間や休憩時間が設定されているわけなんです。それは主観的な「本人の疲れ具合」ではなく、客観的な「時間」を物差しにして、活動量を定めるという考え方です。そうすれば、働く人を過労から守れるわけですから。「働き方改革」でも、「時短」が優先されたのはこのためなんです。

なるほど。でも私のようなフリーランスの場合、そういう「時間の縛り」を逸脱しがちなんですよね。自宅作業が多いですし。

そうです、だから本人の舵《かじ》取りが大事になってくるんです。もちろん、仕事をしていると、時には無理をして、睡眠時間を削るなどして、働かないといけないこともあると思います。ただ、その後が肝心なんです。「無理しても大丈夫」と思って、疲労のケアを軽くみて、がんばり続けてしまうと、あっという間に「1段階」から「2段階」に移行します。そ

の目安となるのが、体調の悪化やヤル気の低下や効率の低下。イライラ気分や、他人へのネガティブな感情が沸き起こってくること。さらには、そんな自分を責め始める「自分責めモード」です。「みんなすごいのに、私だけできていない」「私は人一倍努力が足りない」などと責め始めるわけです。

それ、思いっきり私のことです(笑)。

そんな変化を察知して「疲れているだけだから、休めば?」とひとこと言ってくれる人がいれば、状況はかなり違うんですけどね。逆に、「それくらいの苦労は誰だってしてるよ。当たり前だよ」と言ってくる人がいるので要注意です。

言われたことあります！　実は、今回仕事休むことを相談したときも言われました。「私もそういうことあったけど、なんとかなったよ。今ががんばりどきなんじゃない?」と。

本人は励ましているつもりだと思います。「通常ゾーン」にいる人と「プチうつゾーン」にいる人とのコミュニケーションの齟齬《そご》はしばしば起こります。たとえるなら、「プチうつ

ゾーン」より下は、水の中にいるようなものだからです。

水の中？

はい。水の中にいると、陸上にいるときと同じように手足を動かしても、なかなか前に進まないでしょう？　息もしづらい。それが「プチうつゾーン」にいる人が感じる生きづらさです。そして、「通常ゾーン」は陸上です。陸上の人に水の中にいる人の声はなかなか届きづらい。

なるほど……2段階にある、「プチうつゾーン」「疲労2倍モード」のメカニズムがだいぶ理解できました。コワいですね。

「表面飾り」という仮面

そうでしょう？　みなさんご存じないんです。学校でももちろん教えません。この「2段階」がほんとうにコワいところは、もっとも重症の「3段階」に比べて「エネルギーはほどほどに残った状態」だという点です。どういうことかというと、「気合い」でごまかすことがまだできてしまう。つまり「疲労を感じさせなくする機能」が発動しやすいんです。

え？　「疲労を感じにくくなる」ってことですか？

はい。私はその状態を〝表面飾り〟と呼んでいます。ほんとうはめちゃめちゃ苦しいのに、自分をごまかし、周りに悟られまいとしてうわべをとりつくろい、元気そうにふるまうことです。だから、身近な周囲の人間でさえ異変に気付きにくい。たとえば、命の危機が迫っているような限界状況では、全身を戦闘モードにする「アドレナリン」が分泌されて、不安や苦痛をあまり感じにくくなります。わかりやすいのが「火事場から命からがら逃げる」というようなケースです。現場から脱出したあと、安全なところにたどり着いてからようやく「あ、こんな大ケガをしていたんだ」と気付き、急に疲れてへたり込む……。そんな状況が起こるのは、「表面飾り」のせいです。この「感じさせなくする機能」が「2段階」では、発動しやすくなるんです。

それは何のためですか？

わかりやすく言うと「自分のプライドを守るため」でしょうか。すでにうっすらと自信を失いかけているので、これ以上の自信低下を感じたくない。「できない自分」を自分でも認めたくないし、周囲にも悟られたくない。だから、「無理をしている自分」に目を背け続けるというか、知らんぷりを続けるわけです。

でも、それってかなり疲れますよね？

そうなんです！　相当なエネルギーを使います。だから、蓄積した疲労がさらに蓄積し、心身のコンディションは一層悪化していきます。たとえ笑顔で過ごしているように見えても、意欲の低下、イライラ、億劫さ、体の不調感はにじみ出てきます。

怖い。というか、ほんとうにそれ、私のことです！　でも、どうして「表面飾り」をしちゃうんでしょうか。自分をとりつくろうのをやめて、休んでしまえばラクになるのに。

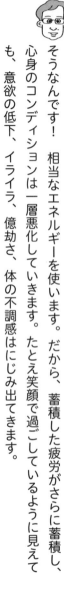

「表面飾り」をしてしまうのは、「子どもの心の強さ」のせいですよ。私たちは子どもの頃から「つらくてもがんばる」と自分自身を鍛えてきました。少しばかり苦しくても、疲れていても、「我慢するのが大人」と思い込んでいるから、がんばりすぎてしまう。そういう人って、「苦しみを麻痺させる能力」には富んでいるものの「苦しい環境から逃げる能力」には乏しいもの。だから「表面飾り」に走るだけでなく、「しがみつき」もしやすいんです。

それじゃあ、ますます休めませんね……って、それ全部、今までの私のことです。

でしょう？　とにかく「仕事に集中さえしていれば、不安を感じずにすむ」「自信をなくさずにすむ」。そんな思い込みから、「がんばる自分」でい続けようとするわけです。高木さんの場合、早期に気付けたからいいものの、そこで新たにがんばり始める人もいるんです。たとえばですが、「自分を磨く」という名目でランニングやダイエットなどを始める人もいるんです。

ええっ、それはやりすぎでしょう？　いったいなぜ？

うつは、性格までも激変させる

その心理は、わかりやすいですよ。新しく掲げた目標を自力でクリアして、今低下しつつある自信を回復させたいからです。

すご……。そういうがんばり続ける人って、次にいったいどうなるんですか？

はい。その環境が運よく改善されない限りは、遅かれ早かれ「3段階」へと移行します。「3段階」になると、何でも3倍に増幅する「疲労3倍モード」になり、いわゆる「うつ状態」へと陥ります。いつもと同じストレスでも3倍傷つきやすく、3倍疲れやすく、回復にも3倍の時間がかかる、と考えてください。つまり、ちょっとしたトラブルなのに10日間ものあいだ、ひとりでずっと悶々と悩み続けている……というような状態です。感受

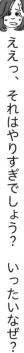

性も3倍になるため、涙もろくもなります。うつの4大ネガティブ感情、つまり「無力感、自責感、不安感、負担感」が大きくなって、性格が激変したように見えます。前述したように私はこの変化を「うつ的性格化」と呼んでいます。

それって、疲労のせいで、違う性格のようになってしまうということですか？　ずっと疑問なんですが、「疲労」ってそんなに影響力が大きなものなんですね。

「疲労」といっても、「蓄積した疲労」のことですからね。長年自分の心にたまった、疲れやストレスを癒さずに、放っておくとやっかいなんです。「3段階」までくると、返済に数年もかかるような量の蓄積だと思ってください。そういう蓄積疲労は、人の性格を、本来のものとは違うレベルにまで変えるくらいのエネルギーを秘めているわけなんです。で、ここが人間のすごいところなんですが「うつ的性格」になってしまうのは、その人の本能が、それ以上負担をかけないよう、全力で自分自身にブレーキをかけているからなんです。

ど、どういうことですか？

うつになると、何をするにも億劫さや不安を感じるようになります。活発に動くことも少なくなり、自責感や無力感に襲われます。それは本人にとってみると、非常につらい状態なわけです。でも、そこまでいくと「何もせず、じっとしていよう」という気分になりますよね。すると、引きこもって休むようにならざるをえない。それが、実はいいわけです。

なるほど。確かに、もうさすがに「何もせず、寝てしまおう」となるかも。

それこそ、「弱った原始人を引きこもらせて、それ以上の過労や外敵の危険から身を守らせよう」とする、本能のなせるわざなんです。もちろん、疲労が回復するにつれ「そろそろ動こう」という気持ちになるし、性格も元に戻ります。つまり、蓄積した疲労とは、人の感受性や性格までも変えてしまうものなんです。

怖い……。「2段階」にいるときに気付いてよかった。

そうですね。高木さんのように「仕事を休む・休まない問題」で立ち止まっている人って、けっこう多いんです。そういう方は、程度で言うと、たいてい「2段階の真ん中あたり」。

言い換えると「仕事を休む・休まない」「仕事をやめる・やめない」など、人生を左右するような問題の葛藤がもっとも大きくなるのって、「2段階」にいる人なんです。

そうなんですか？　意外です。「3段階」の人ではないんですね？

それがですね、「3段階」では、もう「考える気力」「葛藤するエネルギー」が枯渇するわけです。考えたり、迷ったり、悩んだりするのって、かなりのパワーを要しますから。それより「どうでもいい」というあきらめや、「こんな難問を越えられない」という無力感が強くなってしまうんですね。だから、苦しい状態から一気に抜け出すために、投げやりになって、突然退職したり、離婚したり、絶交したり、所在不明になったりなど、極端な行動に出ることもあります。

「投げやりモード」というわけですか……。急展開ですね。

究極は、「もう人生を終わりにしたい」と突然自死することもあるんです。

ええっ、ほんとうに気をつけないと。さして考えもせず突発的に命を絶ってしまうなんて。

そうなんです。絶望感の次には、やけっぱちな行動を突然とってしまうことがあるんです。だから、昔から「うつのときには人生の大きな決断はするな」という助言が言い伝えられています。ともあれ「3段階」にあるときは、「やめる・やめない問題」はじめ、人の出処進退にまつわる大問題について考えるのはいったんやめるべき。体力が十分に回復してから、改めて悩むべきなんです。

そりゃそうです。そんな状態でまともに考えられるわけがない。はっ、だから下園先生は、私にまず「8時間睡眠」を課題に出されたわけですね。

たいていの問題は、休めば解決する

はい。これは極論かもしれませんが、人生のたいていの問題って、疲労を解消して心身の

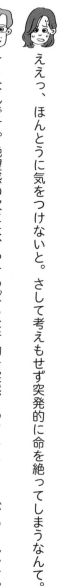

条件を整えさえすれば、けっこう解決できてしまうものなんです。もう自動的に、あらゆる問題がクリアになる。だからこそ「休みなさい」と説くわけですが、「表面飾り」や「しがみつき」「思い込み」がその妨げになるというわけなんです。たとえば「つらいのにブラック企業をやめられない人」は「やめたら俺の人生は終わり」と頑なに信じています。その思い込みを解くのは、かなり大変なことなんですよ。

その場合、どういうふうに導くわけですか？　とても他人事とは思えなくて……、興味があります。

きちんと話を伺って「ひとりでない」という実感を持ってもらうようにするのが基本です。そのうえで小さな自信の補強をします。そもそも、そういう場合、金銭的な不安が背景にあることが多いんです。だから、「まず10万円」を目標にお金を貯めてみましょう」と助言をすることがよくあります。スモールステップで自信を少しだけ補強するのです。お金に不安がない人は、高木さんのように簡単な呼吸練習を続けてみるという「小さな成功体験」からの補強でもOKです。10万円が貯まれば「次の判断をしてみよう」と前向きにとらえられますから。まあ、お金も体のエネルギーも、枯渇していると、現状への「しがみつき」

は強くなりますね。だから、いったん何かで少しだけ補充することが必要です。

ここまで伺って、「疲労」の恐ろしさがよくわかりました。じゃあ、どうすれば自分の疲労に気付くことができるんでしょうか？

疲労はセルフチェックできる

セルフチェックがおすすめです。ひとり暮らしの方でも、手軽に自己診断できますから。多く当てはまるほど、疲れのレベルは深刻になります。私は、初診の患者さんと接するとき、よくこのセルフチェックを事前に行ってもらっています。ほんとうは数がひとつでも、その苦しさが大きければ強い疲労と認識しなければならないのですが、その判断はなかなか難しいので、単純に3個以上だと「2段階」、7個以上だと「3段階」と思ってもらっていいでしょう。

【疲労のセルフチェック】

□最近までできていた作業に、とても時間がかかるようになった

□以前より環境は改善できたのに、なぜだか疲れが抜けない。元気がない

□小さなことに対して、イライラしたり、傷つきやすい

□少し先の自分について、なんとなく不安がある

□趣味や好きなことを、最近楽しめなくなった。または、意欲が湧きにくい

□責任を負うことや、新しいことを避けたい

□人に会うことを億劫に感じる

□睡眠が思うようにとれない

□食欲が低下、もしくは過食傾向にある

□お酒やタバコ、ゲームが止められない

（セルフチェックを終えて）わ、大変です。私、6個当てはまります。まずい……。

人ががんばれるのは、3か月からせいぜい半年

このセルフチェックをしてもらうと、表面飾りをして強がっている人でも、自分の蓄積疲労に気付いてくれることが多いんです。そもそも人間、「無理ができる期間」って、だいたい決まっているんですよ。

へえ、どれくらいなんですか？

現代社会で一般的に遭遇するストレスならがんばれたとしても、3か月から半年ですね。これはどんなに体力のある人でも、いろんな能力に秀でた人でも、ヤル気にあふれた人でも共通しています。たとえば自衛隊では、海外勤務は3か月から半年で終わらせるようにしています。その理由はやっぱり、この「3か月から半年」という経験値があるからです。それ以上、負荷が強い状態が続くと、やはりエネルギーが尽きて、成績や効率が必ずといっていいほど落ちます。

それはすごい法則ですね。覚えておきます。でも私、半年どころか、ここ5年ほどフルスロットルでがんばり続けてきた自覚があるんですけれど……。

だから高木さんのことを私は心配しているんですよ。「疲れている」という体の声をスルーし続け、頭で「私は大丈夫」「もっとがんばれる」と鼓舞し続けてきたわけです。で、最近になってようやく心身が悲鳴を上げ始めてきた。だから、本人が疲労に気付き、「休もう」と思うことが、何より大事なんです。

でも先生、わからないことがあるんです。健やかに仕事を続けていこうとするとき、いったいどのくらい疲れたら、休むべきなんでしょうか？　先生はさっき、「疲労って、そのときどきで感じ方が変わる」っておっしゃったでしょう？

それが難しい問題なんですよ。目安としては、「今日の活動量」が「今日の体力」を上回っていなければOKです。シンプルでしょう？

なるほど。それって、ダイエットのときの目安と似てますよね。「今日の食事による摂取カロリー」が「今日の活動による消費カロリー」を上回っていなければOK、っていう考え方、よく見聞きします。

感情の動きも、体をむしばむ

あ、確かに似ています。この「差」によるという考え方が、わかりやすくてシンプルですよね。ただ、この「活動量」というのがまたクセモノで……。「体を動かす活動量」以外に、「精神的な活動量」も、含まれるんですよ。それは、可視化も数値化も難しい。

「精神的な活動量」って、体を動かさずに仕事をすることなどですか？　たとえば資料を読むとか、原稿を読むとか、そういうこと？

もちろん、それらのデスクワーク的な作業も含まれますが、他にもあります。それは「感

情のプログラム」が発動しているときです。多くの人が軽く見すぎているんですが、マイナスの感情がぐるぐる心の中でうごめいているときって、かなりの「活動量」になるんです。つまり、疲労の原因になります。たとえば、うつの人が眠ろうとして横になったとき。負の感情にさいなまれて、なかなか入眠できない状態ってありますよね。あれも、かなりのエネルギーを消耗してしまうんです。

そうなんですか？　じゃあ、私もそうだったかも。

そうかもしれませんね。「仕事を休みたいけど休めない」とか「なぜ、私は仕事の能率がこんなに下がっているんだろう」とか、ぼんやり考えているだけでもかなり消耗していたはずですよ。わかりやすい例で言うと**「命の危険」を感じながらひとりで過ごすだけでも痩せることがあります**から。

「痩せる」？　それは羨ましい。

いやいや、それはとてつもないストレスにさらされている証拠ですからね。あるテレビ番

組のロケで、プロデューサーが、自殺の名所である富士の樹海で、2泊3日、ひとりで過ごすという企画があったんです。彼は他にも「1日で2度、引っ越しを手伝う」という企画も経験したことがあるんですが、そのときよりも早く体重を落としてしまいました。体はほとんど動かさず、ほかに頭脳労働もせず、富士の樹海で寝て恐怖を感じていただけで、3日で2kgも痩せてしまったんです。感情を動かすこと、つまり「感情のプログラムの発動」がいかにエネルギーを消費するか、わかるでしょう？

すごいですね、恐怖を感じ続けるだけで、3日で2kg減！

ほかにも「感情のプログラム」が発動しやすい出来事って、実は山ほどあるんです。2つ目は「環境の変化に対応すること」です。引っ越し、転職、結婚、離婚、出産、移動の激しい旅行……。そういった新しい環境に適応するために、私たちはかなりのエネルギーを消費してしまう、つまり平たく言うと疲れるわけです。

はい、それはとてもわかる気がします。引っ越しも、転職も大変ですもん。

もっとも、その渦中にいるときは緊張していて、疲労を感じにくくなっていることも珍しくない。でも疲労は確実に生じています。で、回復力が衰えていたり、回復のための時間がとれない場合、疲労の蓄積量が確実に増えるというわけです。

ああ、確かに。新しい環境だと興奮して、疲労を感じる感受性も麻痺しますよね。実際、楽しかったりワクワクすることも多いですし。要注意ですね。

人間関係も、体を疲れさせる一因

そう。「楽しいとき」「うれしいとき」でも、確実に疲労はたまっている、と認識しておいたほうがいいんです。そして、疲労が蓄積しやすいパターンの3つ目は、「人間関係上の問題」があるときです。「人間関係」って、感情のプログラムを刺激するものなんです。

それってわかりやすいところで言えば「上司と部下の関係」とか、「嫁姑の関係」とかです

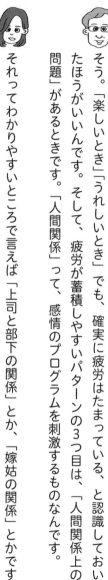

か？

そうです。ほかにもいじめ、パワハラ、ドメスティックバイオレンス……。いろいろありますよね。そんな「うれしくない人間関係」「気遣いが必要な人間関係」って、私たちをあっという間に消耗させるんですよ。

ギクッ。

おや、高木さんも心当たりがありそうですね。

「情報の洪水」も、体にとってはやっぱり有害

そりゃあ、社会に出て働いていれば、誰でもそんな関係に巻き込まれますよね……。

そうですね、もう人間関係にまつわる問題は、ある程度までは仕方がないと言えるかもしれません。もっとも、いびつになってしまった人間関係を正常化させていくことは可能ではあるんですが、「2段階」にいる人にとってはそれは大きすぎる課題になりますね。さて、そして疲労が蓄積しやすいパターンの4つ目が、「情報の氾濫」です。これはネットの発達によって、より一層加速しました。

ああ、それは実感としてわかります。たとえばSNSなんかもそうですよね？　知人のフェイスブックを見てしまったあと、無意識のうちに自分と比べて、いろんな感情に襲われたりします。まったく見なきゃいいんですけれども、不思議なものでつい見たくなるときがあるんですよね。

おっしゃる通り、「SNS疲れ」は現代における疲労の大きな一因です。あとは、**高度に情報化されたことによって、「選択肢が増えすぎた」という不幸**もあります。たとえば、あるモノが必要になったとき、通販サイトで買おうとすれば、私たちは膨大な選択肢の中から吟味する必要があります。本しかり、食品しかり、日用品しかり。わかりやすい例が住宅情報です。私たちの時代は、「部屋を借りよう」と思ったら、近所の不動産屋の店舗

に行って、せいぜい5軒程度の中から最終的な決断を下せばよかったものです。でも今は、検索をすると数十軒、数百軒がヒットしてしまう。だから、どんどん細かい条件を出して候補を何度も絞り込む必要がある。

わかります。たくさん候補があるのはありがたいことなのかもしれないけれど、あの「なかなかたどり着かない感」はすごいですよね。

でしょう？　あの労力を吸い取られる営みが、現代ではあらゆる局面で起こっているわけです。職探しやパートナー探しといった、大きな選択ばかりじゃありません。日常的な買い物から、遊びに行く先の選択、果ては食事の献立選びまで、我々はエネルギーをダラダラ浪費し続けていると言ってもいい。もちろん、そこには「選べる喜び」があるわけなんですが、同時に「よいものを見逃してはいけない」という不安、「いい候補を捨ててしまった」という後悔など、ネガティブな感情も湧いてきやすい。だから、**「一見普通の暮らしをしているだけ」なのに、疲れてしまう**のも当然なんです。

現代では、うつになるほうが、むしろ普通

豊かな生活をできるようになったはずなのに、皮肉なものですね。現代に生きている限り、「2段階」「3段階」になっても、むしろ当たり前……という気がしてきました。

そう、そうなんです！　**普通の日常生活をしているだけなのに、うつ状態に陥ってしまうことってあるんです。それは、どんな人も潜在的に抱えているリスクです。**あと、疲労の大きな特徴として「表面化して心身に大きな影響を及ぼすまでに、かなりの年月がかかる」ということが挙げられます。これが蓄積疲労が目に見えないがゆえに起こってくる問題です。もちろん、その個人差も大きい。それが「疲労」の怖さが気付かれにくい一因でもありますよね。たとえば、お腹の調子が急変したら「冷たい飲み物を飲みすぎたかな」とか「さっきの食材に火が通っていなかったかな」とか、ごく最近、飲食したものに原因を求める人が多いと思うんです。でも疲労の場合、その原因が、半年もしくは1年ほど前までさかのぼることも珍しくありません。たとえば、かなり以前の話ですが、私

の例を挙げてみますね。私が40歳のとき、人生の中でも指折りの大きな変化が相次いで、うつになったときの話です。

え？　下園先生でも、そういう変化に耐えられなかったってことですか？　心の専門家がうつになるのに、私たちがうつにならないわけがないですよね。

お恥ずかしい、まさに〝医者の不養生〟みたいなものです。私は医者ではないですが。数年前、私は念願のマイホームを手に入れました。引っ越しをして、家具も一式新調しました。そして、車庫が想定していたよりも小さかったため、思い切って車も買い換えました。

すごいですね。身の回り、全部じゃないですか。

そうなんです。そして、ネット環境も張り切って整えました。「家を買うまでは」と我慢していたパソコンも、新しく買いました。そして、同時期に偶然転勤があったんです。

転勤？　それはおおごとですね。

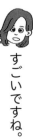

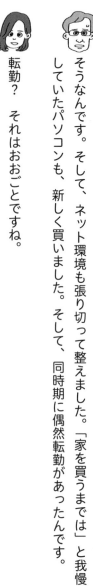

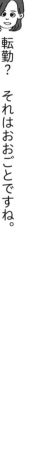

そう。人間関係も、仕事の内容も一新されたんです。その仕事のおかげで、それまで「持たない」と決めていた携帯電話を持つことにもなりました。まあ、それらは私にとっては、うれしい変化ではありました。気持ちのよい新居で、最新のネット環境を整え、より一層やりがいのある仕事に取り組み始めたわけですから。ただ、僕は曲がりなりにもメンタルヘルスの専門家です。「これだけ大きな変化が連続しているんだから、気をつけたほうがいいぞ」という意識はありました。

さすが。私たち素人なら、浮かれるだけで、そんなことまで考えないですよ。

ただ、僕の認識が甘すぎた。ひとつひとつは小さなイベントでも、それが一定の時期に立て込んでくると大きなストレスになってしまうんです。僕のそれまでの変化を冷静にきちんと分析するともう十分にうつになってもおかしくないレベルだったのです。

え、うれしいことでも、全部「ストレス」に勘定するわけですか？

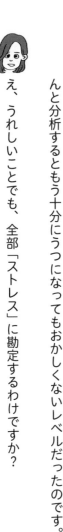

ストレスを軽く見すぎると、プロでも倒れる

そうなんです。なかなか気付きにくいでしょう？　僕も浮かれていた、というかストレスを見くびっていましたね。でも、そういえばいろいろがんばりすぎていたんです。たとえば、新しい携帯電話を使いこなすために、分厚いマニュアルを読んだり。インターネットの設定をするために、貴重な週末を何度も費やしたり。新しい家電の説明書を熟読したり。買い換えた車にナビゲーションをつけ、それをマスターするのにかなりの時間とエネルギーを使ったり……。

そんなタスクを難なくこなせていた、ということは、当時の先生はまだ「1段階」だったんでしょうか？

そうですね。「楽しい」「うれしい」という表面の感情の底で「大変だなぁ」と感じながら、ギリギリ「1段階」だったんでしょうかね。でも、だんだん「2段階」に突入していたはず

ですよ。だって、そんなピカピカの新生活に慣れてから、約1年。私もうつ状態になりましたから。

ああー。1年後ですか。長い潜伏期間ですね。

そう、「潜伏期間」という言葉がぴったりですね。で、僕は同僚の精神科医に相談して、薬を処方してもらい、丸々1か月間、仕事を休ませてもらいました。当然、抱えていた仕事は多かったんですが、なんとかやりくりをして、融通をしてもらって、完全に休みました。そうしないと「ほんとうにまずい」とわかっていたからです。

なるほど、うつになってからの対応が、さすがプロですね。

いや、もう反省しましたよ。1年前の大きな環境の変化が、うつの引き金になったのは、自分でもよくわかっていましたから。それから僕は、自分が「生身の人間だ」ということを、折に触れて意識するようにしました。

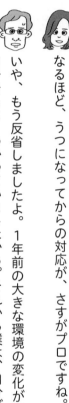

それって、いったいどういうことですか？　下園先生が「生身の人間」だなんて、当たり前の事実じゃないですか？

いやいや、仕事が立て込んできたりすると、まるで機械のように、がんばってしまいたくなるときがあるでしょう？　〝自分が有能だ〟と感じたい心理もある。そういう状態に陥らないようにしたんです。平たく言うと「がんばりすぎないよう」気をつけるようにした、というか。自分の中の「原始人モード」に従うようにした、というか。あともうひとつ、自分に言い聞かせたのは年齢のことですね。年齢は、疲労の回復力に大きな影響を与えるものなんです。

ドキッ。やっぱりそうなんですね。40歳を超えると、もう若くないっていう感じですか？

そうですね。年齢を重ねるにつれ、うつ病や自殺のリスクは高まるんです。それは、深読みすると「疲労の回復力は落ちてきているから」とも言えるんです。でも、そこに気付いている人は実は少ない。

疲労回復には「足し算」より、「引き算」

確かに。年齢を重ねて「体力が落ちた」ってボヤいている人はとても多いのに、「疲労の回復力」については、みんな知らない。関心もない。

そこも、啓蒙していきたいポイントなんです。まあ、難しいことは言いません。誰もが「自分は原始人レベルなんだから、無理はしない」という気持ちで、日々働けば問題はないのかもしれません。この話をするとき、私はよく自分の母のことを思い出すんです。母は鹿児島で暮らしています。戦後の大変な時期を生き抜いてきた世代なので、人間が「生身の生き物にすぎない」ということをよくわきまえている。鹿児島弁で「疲れる」ことを「だれる」と言うんですが、私の幼少時、近くの大人に向かって、よく「だれちょっとよ、ちょっと休まんね」と声をかけていたことを思い出します。

それって、どういう意味ですか？

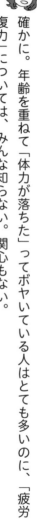

鹿児島の方言で、「疲れているんだから、ちょっと休みなさい」という意味です。

なるほど。大人になると、むしろ「休む」ほうが難しいですもんね。

そうなんです。というか、たいてい何かを「する」方向にエネルギーを使っちゃいますよね。たとえば「困難を乗り切る方法」をネット検索したり、「体力を増進するトレーニング」に手を出したり。それって「足し算の思考」なんですよ。目先の苦しさを解消しようとして、なぜか活動量を増やそうとしてしまう。そうじゃなくて、「疲れている人」「2段階」の人に必要なのは「引き算の思考」。つまり単に「休む」ことなんです。

でも、具体的に「休む」ってどうすればいいんでしょう？　私も実はよくわからないんです。理想としては、やりたいことは山ほどある。でも「1段階」に戻るまでは、活動量を抑えたほうがいいわけですよね？

もちろんです。とにかく何もしないで眠る。それこそが最速にして最良の、うつの治療法です。とはいえ、楽しいこともしたいはず。そんなときは前にお話ししたように、1章でお伝えしたような、「はしゃぎ系」ではなく「癒し系」のストレス解消法を実践してみてください（95ページ）。スローな音楽を聴いたり、アロマテラピーやマッサージ、美容室などでくつろいだり、おいしいものを食べたり、気心の知れた仲間とおしゃべりを楽しんだり、自然や動物に触れたり。そんな静的な楽しみをおすすめします。くれぐれも「はしゃぎ系」のことには手を出さないでくださいね。旅行、スポーツ、ギャンブル、買い物、異性との交際……。それらはエネルギーをたくさん消費するので、疲労の〝借金〟が増えてしまいますから。

おうち入院のすすめ

わかりました。もう、体の病気と同じように、安静に過ごすイメージですね。

その通り。私はそれを〝おうち入院〟と呼んでいます。入院中の過ごし方を、ルールにしてしまえば間違いがありません。たとえば入院中、病室にパソコンやスマホを持ち込んで触っていたら、医師にすぐさま叱られるはず。スマホも見ない、テレビもつけない、できれば本も読まない、家事もしない。ただ、眠ればいいんです。逆に言うと、眠ることでしか回復しないと思ってください。

え？　「眠ることでしか回復しない」？　どういうことですか？

睡眠中、私たちの脳内ではクリーニングが始まります。重要な情報は記憶の貯蔵庫に収納され、不要な情報は掃除されます。すると、それまで重すぎた脳のデータが軽くなるわけ

ですから、脳が働くスピードが一気に速くなるんです。目覚めていては、そのクリーニングは行われませんから。

なるほど……。

とはいえ、毎日眠り続けることなんて無理ですよね。数日間のおうち入院のあと「十分寝たな」と思えたら、「癒し系のストレス解消法」をしてもいいわけです。

わかりました。じゃあ、下園先生は、うつになったとき、いったいどうされていたんですか？　お仕事は1か月しか休めなかったわけですよね？

そうなんです。1か月、完全に休ませてもらったあとは困りましたよ。平日の勤務に加えて、土日も講演活動などでみっちり埋まっていましたから、「おうち入院」どころじゃない。でも自分の都合だけで活動をセーブできるわけでもない。それで苦肉の策で編み出したのが「月曜の午前に半休を取る」という方法です。週のアタマなんて、半日間は朝礼やら会議やらでつぶれてしまうことがほとんど。それに僕が出席すべき会議なんて、多くはない。

ええっ、斬新な休み方ですね。初めて聞きました。昼から出勤するわけですか？

そう。だから、朝はゆっくりと目覚めることができるし、通勤ラッシュのあとに出勤できる。実際、心身がとてもラクなんです。しばらくそんなリズムで半休を取らせてもらっていました。もちろん、こんなスタイルが認められる職場は稀でしょうが、真似できる場合はぜひおすすめしたい働き方です。

なるほど。私はそもそもフリーランスなので、「出勤」についてはかなり自由度が高いんです。でも、世の中のほとんどの方は「定時にお勤め」ですよね。下園先生の考え方、広まるといいですね。

でしょう？　もし、その日の仕事に空きができそうになったり、余裕ができた場合。残りの時間を「休み」にして、退勤させてもらう。それで、公園を散歩しながら帰宅する。そんな平日が1日あるだけでも、うんと解放感を味わえるはずです。いや、もう、これは所属先の裁量にかかってくる問題なんですがね……。

とにかくスキを見つけては「仕事」や「やるべきこと」、「人間関係」から距離を置くことが大事、という気がしてきました。

生産性のない1日こそ、最高の1日

そうです、そうです。で、なんとか時間を確保できた場合は、「あれこれ考えすぎないこと」をおすすめしたい。刺激が入ると考えてしまうので刺激を減らすためにできればスマホのスイッチを切って。SNSのチェックもやめましょう。とにかく「エネルギーを使わず、リラックスできて、リフレッシュできること、楽しいと思えることしかしない」。そんな姿勢がいいんです。「今いちばん食べたいスイーツ」をフラッと食べに行ったっていい。ホテルの素敵なラウンジで、お茶を飲むだけでもいいんです。

先生、テレビゲームってどうですか？

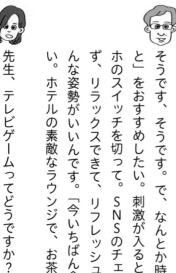

そうですね。長くやりすぎると目も疲れるかもしれませんが……。それが心から好きで「したい」という場合は、よいストレス解消ツールになると思います。とにかく「自分が楽しければ、何をしてもいい」。そんな「自分本位制」で、ゆるゆると過ごすことです。ただし「このゲームを今日中に全ステージクリアしよう」とか「このマンガ全巻を読破しよう」とか、ノルマは決めないでくださいね。余計に疲れてしまいますから。**「今日は、生産性のない1日を過ごせた」と心の底から言えるような時間を過ごすこと、それが「休む」ということの本質的な意味なんです。**

生産性のない1日！　それって、私の「ゴールデンファイル」の真逆なんですが、どうすればいいでしょう？

自分の中で、少しずつディスカッションを重ねて「ゴールデンファイル」を書き換えていくことです。だって「1段階」に戻りたいんでしょう？　今週の高木さんの課題は、決まりですね。「おうち入院」をまずは7日間、続けること。そして、そんな自分をよく観察

して、可能であれば日記を付けてみてください。

ええーっ。突然の「入院宣告」ですね。もちろん、私だってそうしたいのはやまやまなんですが、仕事のやり残しというか、残務処理が山のようにあって。

できるときだけでもいいですよ。気分はもう「おうち入院」で、過ごしてみてください。体調がいいときに、仕事を片付ける。どうでしょう？

わかりました。「おうち入院のため」と思えば、残務処理もはかどりそうです。やってみます！

よかった。もう少しで「ノルマ思考」から解放されるはずですからね。ゴールは見えているんですから、気持ちをラクにしてやってみてください。

はい！　〝入院〟します！

次週までの
宿題
（この本をじっくり
読みたい人向け）

□「おうち入院」を7日間続ける

第4章

ひとり心の会議のススメ

〜他人から攻撃されてメンタルをよい状態に保つ方法ありますか?〜

高木さん、どうですか、調子は？

すみません、絶不調です……（目頭を押さえながら）。すみません、もう涙が止まらなくなってしまって。今日は私の話なんて、ないほうがいいかも。先生のお話を聞くだけで。

いえ、そんなことはありませんよ。何があったのか、よかったら聞かせてください。

これから2か月間、仕事を休めることになったので、引き継ぎが必要な業務をリストにして上司に何度かメールで送っていたんです。私からは5通くらい、上司にお送りしました。

すごい、ちゃんと仕事できてるじゃないですか。先週は「休むと決まった途端、体が動かなくなって、前以上に仕事ができなくなった」っておっしゃってたのに。

でも先生が「ゴールは見えている」って言ってくださったから、がんばれたんです。でも、その5通を送ったあと、上司から1通のメールが来て、追い詰められているんです。いろんな感情に襲われてしまって……。

上司からの攻撃を受けてしまいました

いったい、どんなメールなんですか。

「業務やりとりを引き継ぐこのやりとりの中で、お詫びや謝罪、今までの感謝の言葉がまったくない。あなたは礼を欠いているから、改めていただかないと今後困る」みたいなことが書いてありました。

あらあら。そうですか。で、高木さんは今、どんなお気持ちなんですか？

まず「許せない」という気持ちです。「社員でもないのに、礼儀のなんだの、言われる筋合いはない」と思うんです。それに、上司は現場の人手不足の問題を、私のせいにして八つ当たりしているように見受けられます。それなら、契約スタッフの私にグチグチ言うんじゃなくて「新しい人」を勝手に採用すれば解決するはずです。私に当たるのはお門違いな

んですよ。そもそも今まで、多くの女性スタッフさんたちが産休やら育休やらに入る際、抜けた分をフォローする受け皿的な存在を、私が務めてきました。長期の休みに入る人たちの仕事をポンと振られて、私は文句ひとつ言わず必死に耐えてきたんです。そんな私のがんばりへのねぎらいの言葉もなしに、「礼を欠いている」と私のことを非難するんですから、「あなたも相当、非礼ですよね」と言ってやりたい。

うん、うん。

それに……。これは個人的な感情かもしれませんが、その上司は成功型のワーキングマザーなんです。トレッキング仲間の、私の同窓生の女医と同じタイプ。有名企業のエリート夫がいて、子どもも2人いて、持ち家もあって、「上司」という社会的地位も手に入れて。つまり私にないものを、すべて持っている。それだけでも、彼女に対していい感情を持てるわけがないのに、「礼を欠いている」って責められて。おまけに彼女、私より5歳も年下なんです。自分より若い、恵まれた立場の女性に一方的になじられるなんて「私の人生、なんてみじめなんだろう」と思うと、情けなくて情けなくて。

上司から、そのメールが来たのはいつ頃ですか？

おとといのこと、2日前です。だから、この3日間、ずっと泣いてます。あとお酒を飲んでます。飲みすぎて、二日酔いみたいな気持ち悪さで、食欲もなくなって……。

それは大変だ。今日はその感情の渦からどうやって抜け出すか、お話ししますね。高木さんが「2段階」にいるというのは、先週はっきりお伝えしました。「2段階」とは「1段階」に比べると、「感情」に支配されやすいステージなんです。

どういうことですか？

なぜ余計なことばかりを考え続けてしまうのか？

「1段階」の場合、「理性：感情」が「80：20」。でも「2段階」だと「50：50」、つまり理性

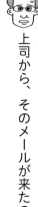

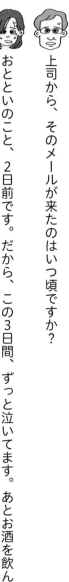

と感情が拮抗《きっこう》しているんです。ちなみに「3段階」の場合は「20：80」で、コントロールがきかないくらい感情の比率が高くなる。で、「感情」というのはよくも悪くも「考えさせる」よう私たちに働きかけてくるわけです。だから、今の高木さんも、ひとりでぐるぐると考えてしまうわけです。これはもう、「2段階」にいるわけだから、仕方がない。

私、別に考えたいわけじゃないんですけど、余計なことばかり考えてしまうんです。で、ひとときでも解放されたくて、お酒を飲んでしまう。ほんとうは考えるのやめたいです。

わかりますよ。でも、自分が原始人だと考えてみれば、今の高木さんが感情に翻弄されて、考えてしまってばかりいるのが納得できるはずです。上司にメールで攻撃をされたでしょう？　もしかしたら、今後も攻撃は続くかもしれない。高木さんの権利が侵害されるかもしれない。すると、高木さんはいろんな感情を沸き立たせて、自分を守らなきゃいけなくなる。だから、今後のことをシミュレーションしたり、過去のことを思い出して反撃の材料を探したり、もう勝手に考え続けてしまうわけです。

ああ、そうなんですね。自分を守るため、ですか。

そう。「上司はおかしい」という方向性で考えさせる強大なパワーを、感情が発動させるんです。もっとも、**それは「2段階」にいるからです。受けたショックを2倍に感じるからしょうがない。もし高木さんが「1段階」にいたら、上司のメールを軽くスルーできていたかもしれません。**

そうか、この〝感情の荒れ狂う波〟みたいなものは、「2段階」のなせるわざだったんですね。じゃあ、「1段階」に早く戻りたいです。

余計なことを考えなくてすむ方法

お気持ちはわかりますよ。でも、「2段階」から「1段階」に戻るには2~3か月、かかります。ただ「上司メールのショック」からは、1週間もあれば立ち直ることができますよ。回復への早道は、ズバリ〝考えない〟ということです。つまり心に「空白域」をつくること。

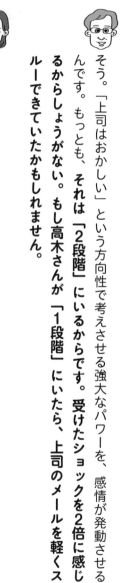

「考えない」？　無理です。それこそ、お酒飲むくらいしか方法が思いつきません。

お酒はやめておきましょう。悪い方向にいくと心身をさらにむしばみますから。で、誰にとっても「考えない」ことは至難のわざ、というか不可能なことなので、安心してください。今の高木さんにとって**まず試してほしいステップは「考えてしまう自分にダメ出しをせず、肯定してあげること」**です。平たく言うと「あるがままの自分でいいよ」と自分を認めてあげること。そんな考え方を提唱する代表的な治療法として「森田療法」という有名な心理療法があるんですが、ご存じですか？

いえ、まったく聞いたことがありません。

森田療法とは100年以上もの歴史を持つ、日本独自の治療法です。多くの心理臨床家が学んで実践しているくらい、〝王道〟かつ〝定番〟の心理療法なんです。また、精神を病んだ人に限らず、誰にとっても学ぶところが多い〝哲学〟〝思想〟のようなものでもある。で、この森田療法のキーとなる概念が「あるがまま」というものなんですよ。とっつきやすそ

うでしょう？

はい。「あるがままでいい」って言われたら、それだけでなんだか安心できます。

じゃあ、ちょっと専門的になりますが、森田療法についてお話ししてみますね。森田療法って、そもそも森田正馬《まさたけ》という精神科医がつくった神経症に対する精神療法です。森田療法では、**神経症の患者さんがとらわれている「不安」を病理ではなく、「自然な感情」として理解しています。**逆に西洋の精神療法では、「不安」を病理として扱い、その原因を探して、解決を目指していくというスタイルが一般的だったんです。でも森田療法では「根本的な恐怖とは死の恐怖であって、それは表から見ると『生きたい』という欲求だ」ととらえているんです。

え、ちょっと意味がわかりません。どういうことですか？

つまり**「不安」とは、そう悪いものではなく「よりよく生きたい」という欲求の裏返しであるわけですよ。だから「不安とは、人にとって避けられない自然な感情だ」**

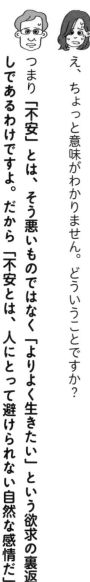

と定義するのです。それが、森田医師の人間観というか、「森田療法」の本質なんです。

つまり、自然な感情のひとつである「不安」を排除せず、「あるがまま」に受け止めて、目の前の生活を維持させて、自分を成長させるよう促していく。それが森田療法の考え方です。

上司を〝許せない〟と思っていい

じゃあ、森田療法の考え方を借りれば……。今の私は上司への「ひどい」「許せない」「理不尽だ」「羨ましい」などの感情を、そのまま持っていていいってことでしょうか？

そうです。「あるがまま」でいいんです。**どんなにネガティブな感情も、「自分にとって思い通りにならないもの」として付き合い、同時にそこでできることを探る姿勢が、「あるがまま」の意味ですから。**だって考えてもみてください。私が高木さんに「そんな攻撃的な感情を持つなんて、悪いことですよ」とたしなめたとしても、高木さんが、

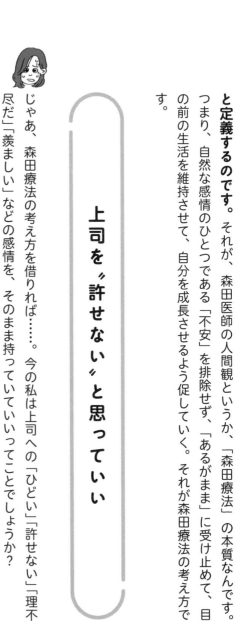

それらの負の感情を、一気に手放すことなんて実際には無理な話でしょう？　それに感情を操作しようとしても、新たな「とらわれ」を生むだけですよ。

よかった。「あるがままでいい」って最高ですね。疲れた身にはうれしい言葉です。

でしょう？　**人には、「できないこと」と「できること」があると知ること。「すべてを思い通りになんてできない」と知ること。**これが大事なんですよ。

「できないこと」って何ですか？

自分の感情や、過去や未来、他人の言動をコントロールすることです。

自分の感情もコントロールできなくていいんですね。なんか感情をコントロールできないのはダメなことだと思っていました。じゃあ「できること」って？

自分の感情とうまく付き合うことや、自分の行動を変えることなどです。

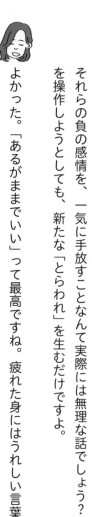

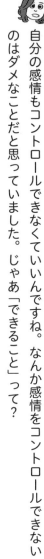

なるほど。**感情をコントロールすることはできないけれど、うまく付き合うことはできる。他人の言動を変えることはできないけれど、自分の言動は変えられる。**

はい。そういうことです。本来の「よりよく生きる」という欲求を生かすために「どこに力を注ぐか」考えることが大事なんです。硬い言葉でいうと「自己実現の方向性を見いだす」というか。「自分らしい生き方を実現する」というか。

森田療法って、なんだか哲学みたいですね。

そうなんですよ。実際、森田医師はフランスの哲学者アンリ・ベルクソンの哲学を肯定的に評価したり、著作の中ではその思想をよりどころとしながら持論を展開していたりしています。もし、「1段階」になって興味があるなら、関連する本を手にとって読んでみてください。今はちょっと難しいでしょう。

そうですね。理性的に、冷静に考えられないというか。さまざまな暗い気持ちに襲われたり、一方で「こんな暗い気持ちを持っている自分は、早く卒業したい」と悩んだり。感情に振り回されてますから。

森田療法の「あるがまま」思考でいきましょう。**どんなに〝黒い〟自分に気付いても、自分のダメ出しをしない。自分責めもしない。〝今はそんな気持ちになって当然〟と自分の本心を肯定してあげる。**今の高木さんで言えば、「攻撃されたんだから、仕返しを準備する心の動きは当然だろう」と自分を正当化していいんです。すると、これまで「相手を攻撃したい」と「そんな考えを止めたい」との間で葛藤することで使っていたエネルギーがだいぶ小さくなります。

でも、そうしたらその悪い考えを行動に移しちゃいそうです。

確かにその不安はありますよね。その対処法はあとでお伝えしますね。とりあえず自分の感情を認めるとエネルギーの節約になることは理解してもらえました?

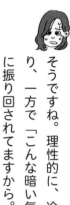

自分の本心を肯定してあげよう

わかりました……。森田療法の本を読むためにも、「1段階」まで回復したいです。そのためにも、私、どうしたらいいんでしょうか。「考えない」ことを徹底すればいいんでしょうか？

余計なことを考えなくてすむために〝うっすらと楽しいこと〟をやる

考えて不安になることも疲れるし、「考えない」こと、つまり「考えるのを抑える」ことも、同じくらい疲れます。だから「うっすらと楽しいこと」を実践してください。先週お話ししたような「癒し系」のストレス解消法です。スローな音楽を聴いたり、アロマテラピーやマッサージ、美容室などでくつろいだり、おいしいものを食べたり、気心の知れた仲間とおしゃべりを楽しんだり、自然や動物に触れたり。旅行、スポーツ、ギャンブル、買い物、異性との交際などは、著しく疲れてしまうのでNGです。

私もそれについて、いろいろ考えていたんです。ユーチューブの動画や、ネット配信サー

ビスで映画やドラマを鑑賞するのもいいんでしょうか？

はい、もちろん。

料理や、編み物は？

いいですよ。ある程度、連続した時間、わずかなエネルギー消費ですむ活動なら何でもいい。ただし「イヤなことを考えないように必死にやる」とダメ。「イヤなこと」が意識の片隅にずっと残ってしまいますから。「私はイヤなことから目を背けようとしている、注意を逸らそうとしている」って余計意識しちゃう。だから、**続けるうちに、夢中になれる、没頭できる作業がいい**んです。

昔ハマった漫画をもう一度読むっていうのは？

いいですね。実際、それが魅力的な営みなのかどうか、やってみないとわからないかもしれませんけれどもね。そういえば私の患者さんで、写真撮影にハマった人がいましたよ。

カメラのアングルをいろいろ変えて撮影するうちに、現実を見る視点もいろいろ自在に変えることができるようになった。それは予期せぬ副産物でしたね。

それはすごい。なんだか私の思いつく楽しみって、生産性がなさすぎて恥ずかしい（笑）。

いえ、先週もお伝えした通り、**生産性がないことに没頭することこそ、ほんとうの意味での「休み」ですから**。思い出してください、高木さんの「ゴールデンファイル」の真逆でいいんですよ。ただ、**「誰かと一緒にやる楽しみ」は避けてほしい。自分ひとりで自分を立て直せる楽しみを持ってください**。あと運動系の楽しみ、筋トレ、ヨガ、ストレッチ、ウォーキングなどは、楽しければ楽しいほどやりすぎてしまうおそれがあるので、気をつけて。

わかりました。いろいろ試してみます。ただ、その「癒し系のストレス解消法」を探す前に、とっても気になっていることがあって……。

はい、何でしょう？　何でもおっしゃってください。

上司からの最後のメールに、実は私、まだ返信をしていないんです。というか、ビジネス上のやりとりとして考えた場合、返信が必要なものではない気がしています。特に何かをきかれているわけでもない、返信を求められているわけでもない。

嫌いな相手に感情をぶつけてもいい？

はい、そうですね。

見方によっては、上司のほうが、感情的になっているとも言える。私、下園先生の前ではありのままの感情をぶっちゃけていますが、上司とのメールのやりとりでは、業務上の最低限のことしか書いていませんから。

それは素晴らしい。「2段階」にいるのにメール上では、ひとりの職業人として理性を保

てているんですから、たいしたものですよ。

だから、私も「売り言葉に買い言葉」で、上司のような感情的なメールを返すのは得策じゃないと思うんです。上司に喧嘩をふっかけられているようなものですから、それを買わないほうがいい気がしています。のこのこ出ていって、相手の土俵に乗らないほうが賢明なんじゃないのかなあって。

その通りだと私も思いますよ。

でも、私は大人としてどういう対応をしたらいいのか、正解が知りたいんです。今のままだと、ただ「消極的に返信を控えているだけ」みたいな気がするので。この際、やはり言いたいことは言っておきたい気持ちもある。2か月休むことになって、この仕事とは縁を切ることになりそうですから。もう関わることはないと思いますし。

そういうときは、「心の会議」を開いて、現実的な問題に対処していきましょう。すると必ず、進むべき道が見えてきますから。今の高木さんは自分のいろんな感情を「黙ってお

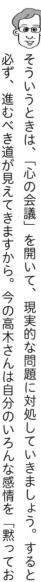

け」と抑圧している状態だと思います。それはそれで、エネルギーを使うものだし、感情が強すぎると暴発してしまうこともある。患者さん本人を支配している感情の強さを見て決めなきゃいけないことなんだけれど、「迷い」がある今の高木さんにおすすめなのは「ひとり心の会議」です。

ひとり心の会議のススメ

「ひとり心の会議」？　何ですか、それ？

普段はみな「感情」というものを軽く見ていますよね。でも「感情」って私たちの理性では説き伏せられないくらい、強いパワーを持っているものなんです。

ああ、その意味、よくわかります。

でしょう？　高木さんもそうでしょうが、いろんな感情が暴れているから、収拾がつかない感じになっていくのです。ときに「相反する気持ち」が共存していたりしますから。で、人って疲れると、ますます感情に翻弄されるようになるんです。「1段階」よりは「2段階」、「2段階」よりは「3段階」のほうが、感情の渦に巻き込まれやすくなります。しまいには生活が困難になったり、寝つけなくなったりするほどです。そんなとき、自分の中にある感情ひとつひとつに、耳を傾けていくんです。大原則は「どんな気持ちも肯定すること」です。

どんなにネガティブな感情もですか？

もちろん。そのときの自分の気持ちを、洗いざらいすべて吐き出すことが大事です。どんなにネガティブな感情でも、どんなに小さな気持ちでも、どんなに認めたくない気持ちでも、どんなに恥ずかしい気持ちでも、です。

それはちょっと（笑）。

お気持ちはわかりますよ。でもあえて向き合うことが大事なんです。これは、先ほどの森田療法の〝あるがまま〟の箇所でも出てきた疑問、「イヤな感情を認めたら、行動に移しちゃうのでは……」に対する答えでもあるのですが、〝感情のケア〟と〝現実問題への対処〟は分けて考えるのです。心の会議はあくまでも〝心のケア〟が目的であり、現実問題への対策や結論を最初から求めないこと。それらは心の会議が終わったあとで、なんとなく見えてくるものですから。で、最後にすべての感情に「ありがとう」と言うんです。たとえて言うと「ごちゃごちゃにものが詰まっている引き出しから、中身をひとつずつ取り出す作業」なんです。全部取り出すことに、大きな意味があるんです。なぜなら、最後いちばん奥に隠れていた感情こそ、「発見してもらうこと」を待っていた大切な気持ちであることが多いから。

それは面白そうですね。そもそも、感情ってなぜ起こるんですかねぇ？

とてもよい質問です。怒り、不安、恐怖、焦り、悲しみ……。これらのネガティブな感情は、やっかいなものにしか思えませんよね。でも、これらはその人本人を守ろうとして、原始人的な感性から発動されたものなんです。たとえば高木さんが抱いている嫉妬の感情

は、原始人的には高木さんを守ろうとしているんです。

そうなんですか？　もう迷惑なだけとしか思えませんが。

面倒くさい感情と上手に付き合う方法

まあ、そうおっしゃらず。自分に生じた感情はすべて大事にしていきましょう。具体的には「ありがとう」と礼を口にすることです。それだけで、感情はほぐれていくものですから。「ありがとう」と言いにくい場合は、「感謝！」だけでも十分です。おまじないのように聞こえるかもしれませんが、「ありがとう」の言霊効果は絶大です。その言葉を受け止めた感情は、いつしか静かに落ち着いていきますから。

そうなんですか？　面白い！

すべての感情に「ありがとう」という態度を持ちながら、その感情の意見をすべて聞ければ、会議は終わり。その頃には「今の私、全然たいしたことない」と思えているはずですから。そもそも「会議」というと、何らかの「対策」や「結論」を求めてしまうものですが、そんなものは不要です。**感情の存在を意識すること、まるごと感じるだけでいいん**です。実は、感情ってとても不思議なものなんです。その存在を主張するために、「出来事を拡大し、私たちの視野を狭めてくる」という興味深いメカニズムがあります。

え、どういうことですか？

擬人化して言うと、「感情」とは自己顕示欲が強いというか、〝かまってちゃん〟というか。自分の存在に気付いて、大事にしてほしい、わかってほしいと願っているものなんですよ。なのに、本人が気付いていないと、気を引こうとして過剰に訴えてくるわけです。だから「そこにいるのはわかったよ」とそのまま認めてあげなきゃいけない。

なるほど、ちょっと面倒くさいですね。小さい子どもみたいというか。

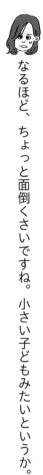

そうなんです。だからすべての感情の言い分を聞いて、フラットに眺めて「どの感情もあってよかった」と思えたら、どの感情も安心して収まります。それが「心の会議」の目指すゴールなんです。この会議は何かイヤな出来事があったとき、とても有効な会議です。

面白い。私、やってみたいです！

では、ここでやってみましょう。誰でも、どこでも、ひとりでできるのが、この「心の会議」のメリットです。今回は、私がカウンセラーという立場で問いを投げかけていきますが、おひとりでも試してみてくださいね。まず、自分の中に「イヤな感じ」が10点中、何点くらいあるか、考えてみましょう。今の時点で、上司からのメールのことを考えると、「イヤな感じ」は何点ありますか？

5点くらいです。3日目ですから、かなり冷静になりました。下園先生のところに来るまでは、10点満点で「今すぐ攻撃的な文面で、私も返信してやろう」と思っていたときもありました。

そうですよね。だいぶニュートラルになってきましたね。では「5点」という「イヤな感じ」をもっとニュートラルに近づけていきます。「快楽呼吸」という呼吸法を、ここでやってみてください。やり方は非常に簡単です。

〔快楽呼吸〕

①胸や肩、首の力を抜く
②お腹に手を当てる
③お腹がへこんだり、ふくらんだりすることを確認しながら、リラックスした状態で、腹式呼吸を2分間、約20回続ける

読者のみなさんもやってみてください。ポイントは「お腹を大きく動かそう」としすぎないこと。体中が緊張してしまい、かえってうまくいきません。疲れすぎてしまう場合は、腹式呼吸の合間に、通常の呼吸を入れてもかまいません。

座ったまま、行うんですね？

はい。座った姿勢でも、寝ころんだ姿勢でも、どちらでも大丈夫です。大事なことは自分が苦しくないこと、心地よいと感じることです。「苦しさを乗り越えること」が目的ではないですから。「快楽呼吸」という名前通り「ああ、ラクだな」「楽しいな」と感じながら、自分のペースで行ってください。じゃあいきますよ。まず「吐く」から。全身の力を抜いて、お腹に手を当て、口から息を吐きます。お腹が10％ほど内側にへこむことを感じて。

読者のみなさんもやってみてくださいね。

（息を吐きながら）フ――――ッ。

次は、「吸う」です。鼻から息を吸い込んでください。

（息を吸いながら）ス――――ッ。

はい、その調子です。よくできていますよ。では「ラクだな」と感じるレベルで、ゆったり続けてください。これを20回。

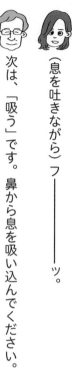

（快楽呼吸を約20回行う）

どうでしょう、体に少し意識を向けてみてください。穏やかな呼吸を繰り返すうちに、体がボーッとしてきませんか？　体がちょっと温かいような気がしませんか？

はい。なんだかボーッとしてきました。呼吸を繰り返すのが気持ちいい。

よかった。では、ボーッとした状態のままでいいですから、あのイヤなメールについても同時に考えてみてください。体に意識を向けて「気持ちいい」と感じながら、イヤなことも考えてみてください。メールについての意識が強くなりすぎたら、ボーッとした体のほうに意識を向ける。どうでしょう、高木さん。

うーん、体のほうに意識が強く向いてしまって、メールのことについてあまり考えられません。

いいですよ、いいですよ。つまり、このカウンセリングの前までは、高木さんは腹が立ち

まくっていて、「上司にガツンと言ってやらなきゃ」と思っていたわけです。で、この快楽呼吸を行い、体をリラックスさせると、そんな攻撃的な気持ちが和らいだ。つまり感情のエネルギーがかなり減った。これは、体の緊張状態と関係があります。通常、感情が攻撃的になっているとき、つまり臨戦態勢として「オン」になっている瞬間は、体も「オン」になっています。だから、体に働きかけて「ゆるめる」ことで、感情も「ゆるめる」ことができるんです。言い換えると、気になっている対象から、距離を少し置いて感じられるようになる。それまでビビッドに見えていたものが、色あせて見えるというか、他人事のように感じられるというか。

確かにそうです。じゃあ、感情を落ち着かせたかったら、感情そのものではなく体に働きかければ有効だってことなんですね？

そうなんです。体を利用して、感情を下げることができるんです。気を許せる誰かと話したり、時間をある程度置くことでも、感情は下げられる。でも、ひとりでも、そんなに時間をかけなくても、感情を下げる、落ち着かせることは可能なんです。

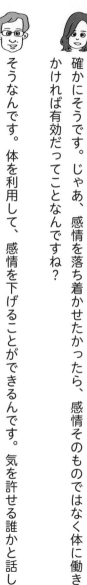

なるほど、それはありがたいです。

心の中にあるいろいろな感情を引きずり出す

では、今からいよいよ心の会議を開きますよ。いろんな気持ちに、表に出てきてもらいましょう。いわば「公聴会」のようなものだととらえてください。

今までのは準備段階だったってことですね。で、公聴会とは？

はい。一般的な意味での公聴会とは、案件に対して「賛成」「反対」、どちらの立場からも広く意見を聴き、審議をして、政治に民意を反映させますね。「その意見は都合が悪いから言っちゃダメ」とか「忖度《そんたく》してください」とか、止められることがない。今から行う「心の会議」もそれと同じ。議長は高木さんなんですが、それぞれの感情に対して「恥ずかしいから、引っ込んでいて」なんて、くれぐれも思わないでくださいね。

私が議長？　わ、わかりました……。

じゃあ、今の高木さんの上司に対する思いを聞かせてください。

私の中でいちばんショックだったのは「今までの感謝の言葉がまったくない」という上司の認識です。私、自分では「ありがとうございます」って気持ちを込めて、意識的に何度も言ったり、メールで書いたりしていたつもりなんです。でも、上司目線で言うと「伝わっていなかった」。それがとっても悲しくて。

はい、今、とてもいい感じで感情を引きずり出せましたよ。「自分の本心が相手に伝わっていない悲しみ」ですね。ほかには？

上司は私に謝罪を求めているようなんですが、それはまったく逆だと言いたい。「むしろあなたが謝るべきなんですよ」と伝えたい。

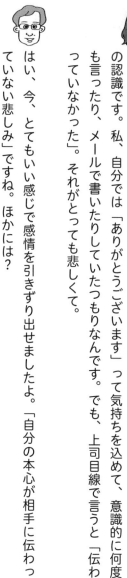

うん、うん。わかりますよ。それは「社員でもないのに、過剰ながんばりを求められていることに対しての怒り」ですよね。

はい。私は「正社員」という守られた立場ではないのに、非正規雇用なりに会社に一生懸命尽くしてきた、という自負があります。自分自身を犠牲にして、正社員のカバーやフォローをしてきたんです。それについて、まずは謝罪をするのが筋じゃないかと。

はい、わかりますよ。

そしてもうひとつ。非正規雇用の私が、「仕事がなくなること」まで覚悟して休むことを決めたわけだから、それについて、会社側がとやかく言える立場ではないこと。なんだかこう言うと、私が要求ばかりしているように見えるかもしれませんが、そうじゃない。会社側に、謝罪を求めているように思われるかもしれませんが、そうじゃない。相手に謝ってほしいわけではなくて、そもそも私に「謝る必要がまったくないこと」を上司に認識してほしいだけなんです。

はい。要約すると「①非正規雇用としてがんばってきた実績を認めてほしい」「②正社員ではないのだから、働き方を選ぶという自由を認めてほしい」という2点ですね。第三者が聞いても、至極まっとうな主張ですよ。

それに加えて、「③礼儀を欠いた年下の人間に『失礼だ』と非難されたことへの怒り」です。俗な言い方をすれば「自分より若い人に、説教されるのは心外」だっていうこと。そこには年長者のプライドというか、エゴがあるのかもしれませんが。

いや、それはエゴという範疇《はんちゅう》ではありません。高木さんの心の動きは、人として当然ですよ。いくら「上司」だからといって、立場がいくら上だからといって、相手への尊厳を欠いた言動をしていいわけはありませんからね。

私も、自分のことを世渡り下手だなって思うんですよ。もしうまく収めようとする場合、自分の本心にフタをして、思ってもいないことをメールしておけばいいと思うんです。「この度は、私のせいで皆様にご迷惑をおかけする結果になってしまい、大変申し訳ございません」って。私もいい大人だから、それくらいはっきりわかってはいます。そし

て、もし会社で会うようなことがあれば、何度もペコペコと頭を下げて、謝罪の言葉を連発すればいいんだろうって。実際、フリーランスで生き抜くためには、それくらいしなきゃいけないのかもしれない。

冷静ですね。

でも、今の私はそんなこと、絶対にしなくないと思ってるんです。だって、今、それをしたら、「元の私」に引き戻されてしまうから。今、ようやく仕事に見切りをつけて、好きなことをしようと心を新しくできたのに。そんな「過去の私」と「新しい私」のせめぎ合いがあります。

いいじゃないですか。ほかに意見はありませんか？　公聴会ですからね、すべての感情に耳を傾けますよ。高木さん、もう一度、心の中を探索してみてください。発言していない人はいませんか？

うーん、もうかなり吐き出したと思いますが。

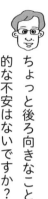

ちょっと後ろ向きなことを言うようだけど「上司を怒らせてしまったら、あとで困るな」的な不安はないですか？

そうですね、不安ではないんですが……。契約などの事務処理の担当者が、私の味方をしてくれているんですが……。今回の私の申し入れを「契約破棄」ではなく「休業」として扱うことにこだわってくれているんです。そのほうが穏便だからって。とはいえ「戻ることについて考えすぎないで」ともアドバイスしてくれて……。

その方は、素晴らしいですね！　通常「休む」となったら「いつまで？」と問われるものですが、「無期休業」でいいんですから。

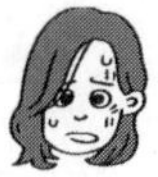

だから、私もいつか戻る可能性は消したくないと思っています。だとすると、上司とも対立せず、自分をだましだましでも、いい関係を続けたほうがいいのかなと思っています。自分からわざわざ退路を断ってしまう必要もない気がして。だから、「攻撃的なメールは返さないほうがいいよ」という保守的な自分もいます。

そうだね、そうだね。「メールを送ることで、自分の本心をぶつけたい」という攻撃的な自分と同時に「将来のためには穏便にすませたほうがいいよ」とブレーキをかけてくれる自分もいる。真逆の自分が共存しているわけですよね。いいじゃないですか。ほかにはありませんか？　私から見ると、高木さんは「自分に持っていないもの」を持っている女性に対して、いろんな気持ちが湧きやすいという傾向があるように見受けられるんですが。たとえば女医さんしかり、上司しかり……。それは、高木さんのゴールデンファイルに関わってくる問題かもしれません。「アウトプットを堅実に積み重ねたうえに〝リア充〟が待っている」。確か1章でそんな思い込みを発見したじゃないですか。

はい。でも、それって、私から先に嫉妬しているわけじゃない気がするんです。

というと？

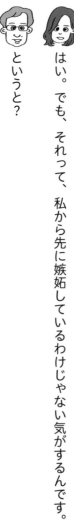

〝醜い自分〟としか思えないような感情も大事にする

彼女たちからマウンティングされているように感じるから、その反動として嫉妬の感情が沸き上がってくるんだと思うんです。見下されたから、「見下し返したい」もしくは「首根っこをつかんで、押さえつけて謝らせたい」みたいな気持ちになるんです。なんか全然理性的じゃないですね。過激なこと言ってますけど（笑）、私から仕掛けた争いじゃないんです。

なるほど。単なるひがみではなく「自衛本能」に近いものですね。わかりますよ。今の「首根っこをつかんで、押さえつけて謝らせたい」というような言葉を、どんどん出していってくださいね。飾ったりとりつくろったりする必要はありませんから。

はい。もちろん私も、それが「醜い自分」だというのはわかっています。「理想的な、なりたい自分」でないこともわかっています。でも、実際「首根っこをつかんで謝らせること」

こころの会議
説教いらないから…
自由を認めてほしい!!
実績を認めてほしい!
穏便にすすめるべき?
ウン
マウンティングしてこないで!!
ウン
現実的な方法を模索!
理性的
感情的
1 2 3 4 5 6 7 1 2 3
現実的

ができれば、スッキリすると思うんですよね。このきつい気持ちがスーッとなくなりそう。

そうですね。「醜い自分」としか思えない感情のことも、どうか大事にしてあげてください。それは高木さんを守ろうとしてくれているわけだから。つまり「醜い」としか思えない感情だって、必死に戦う自分自身なわけですよ。それを否定するなんて、とんでもない。「醜い」「汚い」なんて言わず「ありがとうね」といつくしんであげてください。大事な存在ですから。もう、出てくる気持ちは、全部「オーケー」です。民主主義という言葉を思い出してみてください。どんなに少数派の意見にも、耳を傾けるでしょう？それがいいんです。もし、「その感情は醜いから却下！」なんて排除したら、専制君主制、もしくは独裁制の国家になっちゃいますから。

なるほど。で、いろんな意見を出し切ったあとは、どうすればいいんですか？

ここからようやく、現実的な方法を模索していきます。でも焦って結論を出して、行動に移す必要はありません。なぜなら、この「心の会議」は日によって出てくる意見が違うこともあるからです。今まで隠れていた感情に、突然気付かされることもある。だから、1

回の会議で終わらせないほうがいい。

そうか……。じゃあ、「上司にメールを返信するかどうか」という議題については、まだ保留にしておきます。

そうですね。通常、ひとりで「心の会議」を終えたあとは、「7：3バランス」で折衷案を決めるといいですよ。理性寄り、感情寄り、そのどちらにも偏らない折衷案を落としどころとして探ればいいわけです。高木さんの場合、「相手の人格なんてどうせ変えられないんだから、大人の対応をしておけばいいんじゃない」というのが、理性寄りの意見。一方「やっぱり、ここはガツンとこちらの見解を伝えておくべきでしょう」というのが、感情寄りの意見。さて、「7：3バランス」で見た場合、どんな折衷案に着地しますか？　理性か、感情か、どちらかに偏ってしまうものですが……。

結論、出ました！　上司のイヤなメールは、もう無視します。そして今まで通り、引き継ぎ業務は淡々と、責任を持って行います。で、私自身の働き方や態度についての謝罪もしなければ、相手にも謝罪を求めない。

それは素晴らしい中間案ではないですか！　理性派にも感情派にも、どちらにも偏りすぎていませんね。それで様子を見て、万一何か言われたときには、反撃するかどうか、考えればいいわけで。高木さんは葛藤しながら、いい落としどころを見つけたと思いますよ。

結論まで至ったプロセスを重視してあげる

上司との業務的なやりとりは進めますが、感情的なメールについては無視をしたということで、「あなたの個人的な意見に私は賛同していませんよ」と暗に伝えたいです……。あ、これが「心の会議」で出た結論ですね。私にも、結論が出せた！

はい、抱えている感情すべてに耳を傾けたうえで、民主主義的な手続きにのっとって、いい案を採択できましたね。そうやって、**自分ひとりで心を整理しながら進んでいくのが「心の会議」のやり方です。**「私にも結論が出せた」と今おっしゃいましたが、まさに

「自分で決めた」「自分で選んだ」と意識することがとても大事です。そして、これからあと、たとえば数時間後に意見をコロッと変えて、「ひとことメールで本音を伝える」という道を選んでも、オーケーです。要は、心の世界では「プロセスを重視したほうがいい」ってことなんです。

結果よりも、プロセスが大事なんですか？

はい。特に**「何らかの行動を起こして、結果を出さねば」という意識を持っている人は多いもの。でも「何もアクションを起こさない」ということも立派な選択**なんです。ひとりで「心の会議」を行うときは、くれぐれも気をつけてくださいね。「大胆な行動に踏み切ることが、偉い」ってわけではまったくありませんから。それよりもニュートラルな会議を開いて、感情を落ち着かせることです。で、地味な結果にたどり着いても、それはそれでいいですから。あと3段階まで進むと、冷静な話し合いが行いにくくなります。国会内で乱闘が起こって収拾がつかなくなることがありますよね。あんな感じだととてもニュートラルな会議にならない。悩みが深くなる前の段階で行うことをおすすめします。事情をよく知っている知人や友人に傍聴してもらってもいいですよ。

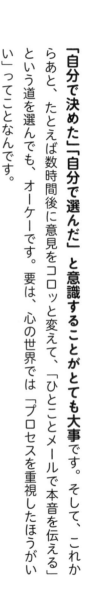

わかりました。でも、第三者に聞いてもらう場合、私の背景、つまりバックグラウンドをすべて解説して、理解してもらってから、傍聴してもらう必要がありますよね。

そうですね。ある程度の事実を共有してからでないと、相槌も打ちにくいですし。愚痴のようになってしまってもいいので、自分の背景を第三者に洗いざらい打ち明けるのは、いいことですよ。

できれば口の堅い人がいいですね。

もちろん。そういう人間関係を、有事に備えて構築しておくことは、とても有益です。損得勘定で、「人間関係を強固にしておくため」というよりも……。普段から何でも言い合える関係の人がいることは、心に安定をもたらしてくれますから。で、有事のときにはそんな人たちが「味方」になってくれるはずですから。私はそれを「多数派工作」と呼んでいます。味方に話をすることで、自信を回復させたり、自分自身の尊厳を取り戻したりできるんです。

視点を変えるためにひとりでできるワーク

なるほど。わかりました。ほかに、「心の会議」以外にひとりでできるワークってありませんか？　ひとり暮らしだと、突然不安に襲われたりすることも多いので。

はい。手軽に、誰でも、どこでもできるワークとして「視点を変える」というゲームがあります。私は「7つの視点」と呼んでいるんですが、それをやってみてください。たとえば今の高木さんの場合、「契約を結んでいる非正規雇用の私」という立場だけでなく、他の立場に立って、上司との関係をとらえ直してみると、まったく新しい気付きが得られるかもしれません。

ええっ、新しい気付き？　今まで何年も付き合ってきたのに、新しい気付きなんてありますかねぇ？

まあ、下園にだまされたと思ってやってみてください。前に、私の患者さんが写真撮影にハマり「現実を見る視点」をいろいろ自在に変えることができるようになった、というお話をしました。ほんとうに、そんな軽いノリで始めてほしいんです。では7つの視点についてお話ししますよ。

はい、お願いします。

1つ目は「自分視点」です。上司との関係だけではなく、高木さん自身に目を向けてみてください。人は、ショックを受けたときは、その後しばらく、小さなことにまで過敏になりがちです。ですから最近、上司のメール以外に、何かイヤなことがなかったかどうかを振り返ってみるんです。もしかすると、ほかに不快になったり、不安になったりするような原因が、「上司ではなく、自分自身にあった」。そう気付くことがあるかもしれません。

なるほど、自分自身にですか。

2つ目は「相手視点」です。高木さんの感情や、今までの関係のことはいったん横に置

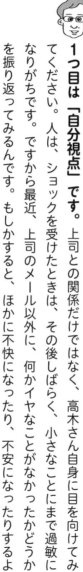

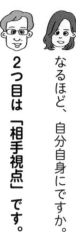

きます。そして「上司はなぜあんなメールを私によこしたのか」、彼女の視点になって考えてみる。もしかすると、上司は、そのまた上の偉い人たちから、何らかの圧力をかけられているのかもしれない。「人員を減らして儲けを増やせ」と要求されているのかもしれない。もしかすると、とんでもなく難しい試練を与えられているのかもしれない……。そう思えば、ほんの少しかもしれませんが、高木さんの感情疲労を抑えることができます。

なるほど。思いっきり自由に妄想していいんですね？　たとえばご主人とうまくいっていなくて、私に八つ当たりをしたくなったのかもしれないとか。お子さんの教育がうまくいっていなくて、イライラしていたのかもしれないとか（笑）。

そうです、そうです。それでいいんです。だって実際、人のことなんてまったくわかりませんものね。で、**3つ目の視点が「第三者視点」です。**高木さん自身の感情はいったん抜きにして、今の自分と上司との関係を、第三者の視点から俯瞰《ふかん》してみてください。すると、たとえばですが……。「上司は、誰に対しても冷徹な人であり、高木さんに対してだけ厳しいわけではない」「上司は、そもそも職場でほとんど味方がいない」などといった事実が、浮かんでくることがあるかもしれません。

なるほど……。それは面白い。

そして、この**第三者視点をさらに強めたものが4つ目の「宇宙視点」です。**自分と上司だけの閉じられた世界ではなく、俯瞰した広い視点で全体をとらえてみましょう。すると、編集部の現場にはほかにも多くのスタッフがいて、そのオフィスのあるビルにはもっとたくさんの働く人たちがいて、そのビルがある街にはもっと膨大な人たちがいる……。そんな事実に気付けます。いろんな職業の人、いろんな立場の人が、いろんな感情を抱えて生きていますよね。きっと高木さんよりつらい境遇の方もいることでしょう。そう考えると、「自分の悩みがいかに小さいか」、感じる余裕が出てくるはず。感情疲労を遠ざけられるはずなんです。

なるほど。言われてみると、私の立場なんて、まだまだ恵まれているほうかもしれませんね。

5つ目が、「時間軸視点」。これは宇宙視点と同じような発想を時間に当てはめたもので

す。うつの症状が進行している人は、今この瞬間の目の前のことしか見えなくなっています。たとえば高木さんの場合、上司と自分が置かれている今の状況が、永遠に続くような気持ちがあるかもしれません。でも、そんなこと、絶対にない。いずれ関係性は変化します。上司だって、いつまでも上司ではないかもしれないですしね。そうなると、今の悩みがちっぽけなものに思えてきませんか？

なるほど、その通りです。

6つ目の視点は「ユーモア視点」です。物事を深刻にとらえず、ユーモアをもって眺めてみましょう。「今の自分と上司が置かれている状況」をギャグやコントのネタにできないか、サラリーマン川柳にできないか。そんなふうに発想を転換できれば、自分の悩みを客観視できるようになります。何より、笑い飛ばせるようになるはずです。

そうですね、自虐コントのネタになりそうです。

最後の7つ目が「感謝視点」です。今までの視点とガラリと変わります。今の高木さん

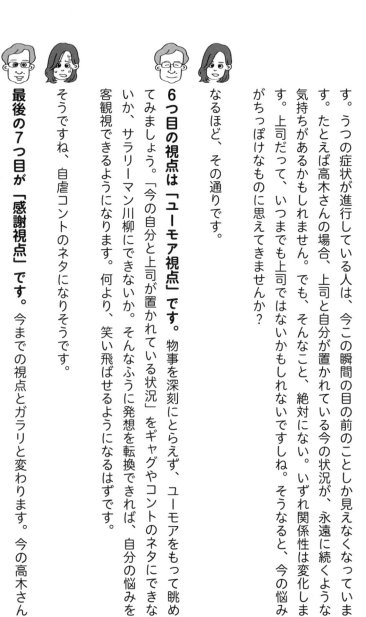

の「つらい」と思っている状況の中で、「感謝できるポイント」を探してみてください。きっと何か浮かんでくるはずなんです。たとえば、「あの上司は、他の部署の上司に比べれば百倍マシだ」という見方もあるかもしれない。「セクハラじゃなくて、まだよかった」という考え方だってできる。もしくは「上司のおかげで、よい人生勉強ができた」と、この状況自体に感謝したくなるかもしれません。

それは大人の考え方ですね。

まあ、これはすべて「たとえ」ですけれどもね。僕がお伝えしたいのは、視点をコロコロ変えることで、ものの感じ方が変わって、感情疲労も軽減されるということなんです。つまり、感情に翻弄されっぱなしでなくなります。

なるほど。

これまで4回、カウンセリングを続けてきました。今後の課題は、2か月を有意義に「休むこと」になります。

はい、私も有意義に休みたいと願っています。

僕からの課題は、それしかありません。呼吸法、癒し系のストレス解消法、心の会議、7つの視点……。これらを駆使して、生産性のない2か月間の休みを満喫してください。もし、途中でカウンセリングが必要だと思ったら、いつでも連絡をしてください。メールで相談に乗ることも可能です。どうでしょう、自信はありますか？

はい、大丈夫です。

今のところ、上手に進んでいると思ってください。高木さんなら大丈夫です。

ありがとうございます。なんだかほんとうに大丈夫な気がしてきました。

はい、大丈夫ですよ。がんばらないことをがんばりましょうね。

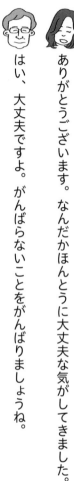

最後の宿題
（この本をじっくり読みたい人向け）

□「呼吸法」「癒し系のストレス解消法」「心の会議」「7つの視点」を駆使して、生産性のない日々を罪悪感を持たずに過ごす

おわりに①

「ほんと、生きづらかった……」「自分で気付けるわけ、マジないわ」

これが、「プチうつモード」から抜け出しつつある私の、率直な感想です。

「プチうつモード」にいると、皮肉なことに、むしろいつも以上にがんばれてしまいます。そして自分のプライドや意地のために、いつも以上に「がんばらなきゃ」と思い込んでしまう。

忘れないでほしいのは、**〝がんばれるからこそ、生きづらい。がんばれるからこそ、休むべき〟**ということです。

「プチうつモード」がツラいのは、精神的なしんどさはもちろんですが、優しい言葉をかけてくれた人に突然暴言を吐いたり、「職場のエラい人」への積もり積もった怨念《おんねん》をぶつけたくなり、反抗的な文面のメールをしてしまったりすることにあります。

その正体は「心の蓄積疲労」。この疲労が、確実に心身をむしばんで、時には死にまで追い込むことだってある。数千万円の借金以上に、怖い存在なのです。

実際私も、4章でお話しした通り、上司に感情的なメールを返すつもりでした。ただ先生に教えていただいた〝心の会議〟で踏み止まることができた。
実は後日、その上司から謝罪とお礼のメールが届きました。そこには失礼なメールを送ってしまったことの謝罪と、私の仕事ぶりに対する評価が綴られていました。もし、あのとき感情的なメールを返していたら、このようなメールをもらうことはなかったでしょう。

仕事から2か月ほど離れてみて、「無価値感」や「過去への後悔」が薄れ、生きる楽しみをまた感じられるようになりました。あの、闇の中にいるような生きづらい日々が嘘のようです。

最後になりますが、本書の制作にあたっては、企画をご提案くださったサンマーク出版編集部の淡路さん、原稿を整理していただいた山守麻衣さんに大変お世話になりました。そして何より、私のさまざまな悩みや疑問にイヤな顔ひとつせずに答えてくださった下園先生には、感謝してもしきれません。ほんとうにありがとうございました。

本書を通して、多くの人が「プチうつモード」から脱出し、ほんとうの意味での強い心を手に入れられますように。

2021年9月　　ライター　高木志保

おわりに②

最後までお読みいただきありがとうございます。

本書は、「もっとがんばらなきゃ！」と思っている現代人に〝ほんとうの意味で「心・メンタル」を強くするってどういうことだろう〟と考えてもらいたくて作りました。見せかけの強さではなく、ほんとうの意味での強さを手に入れる。そのために、自分の心の状態を理解してもらい、プチうつモードから抜け出す方法を高木さんとの対話を通してお伝えしてきました。

勘違いしてほしくないのは、たとえ強い心を手に入れたとしても、今後、落ち込むような出来事やツラい出来事が起こらないわけではない、ということです。未来は予測不可能です。人生は何が起こるかわかりません。

最後に、今後人生で何かあったときに思い出してほしい5つのことを贈ります。人間関係でトラブルがあったり、人生がうまくいかないな、と自信をなくしたときに思い返してほしいと思います。

① 人は一貫しないもの

心には、さまざまな感情が同時に沸き上がる。善意も、悪意も、当たり前に同居する。感情は時と場合によってコロコロ変わる。嘘もつく。裏切ることだってある。特にエネルギー、感情、自信、記憶、個人のストレス対処のクセの影響を受ける。

② 人間関係のトラブルは当たり前に起こる

人にとって他者は、自分を攻撃する可能性がある存在。だから、人を恐れる気持ちは誰もが持っている。人と人が出会えばトラブルが発生する。かといって、孤独では生きていけない。

③ 人は他人をコントロールしたがる

人は人を恐れる。その一方で、人は人がいないと生きていけない。自分の安全とエネルギーの消耗を避けるために、他者を従わせたい。他者を従わせたいために、わがままになったり、人より優位な立場に立ちたくなる。

④ 人は成長したいが、なかなか変わらない、成長しない

成長したいというのは基本的欲求。でも言われたからといって、反省したり納得したからといって、人はすぐには変われないし、成長もできない。大人になったら人は「立派」になるのかというと、そうでもない。人間には「変わりたくない」という心も基本欲求として備わっているから。

⑤ でも、人は変われるし、変わりたい

人は、新奇なものを求める。すぐに退屈になり、新しいものをほしがる。なかなか変化しないときでも、「理屈」よりも「体験」をきっかけにして変わりやすい。体験を繰り返したり、長く経験したり、イメージの力で変わることもある。

これは私が自衛隊メンタル教官として、そして心理カウンセラーとして人の心と向き合ってきてたどり着いた「人間の心の真理」です。

大事なことは、今の自分の心の状態を、あなた自身が正しく理解することです。そしてあなた自身の心だけでなく「人間の心」についての理解を深めてもらえると私はうれしいです。

2021年9月　　下園壮太

ブックデザイン　藤塚尚子（e to kumi）
イラスト　ヤギワタル
編集協力　山守麻衣
校正　槇　一八
DTP　天龍社
編集　淡路勇介（サンマーク出版）

下園壮太（しもぞの・そうた）

心理カウンセラー
NPO法人メンタルレスキュー協会理事長。

元・陸上自衛隊衛生学校心理教官。

1959年、鹿児島県生まれ。82年、防衛大学校を卒業後、陸上自衛隊入隊。陸上自衛隊初の心理幹部として、自衛隊員のメンタルヘルス教育、リーダーシップ育成、カウンセリングを手がける。大事故や自殺問題への支援も数多く、現場で得た経験をもとに独自のカウンセリング理論を展開。

2015年に退官し、その後は講演や研修を通して、独自のカウンセリング技術の普及に努める。

コロナ禍でNHKやJ-WAVE、NewsPicksなど、テレビ、ネットでの活躍が急増。

主な著書に『自衛隊メンタル教官が教える 心の疲れをとる技術』（朝日新聞出版）などがある。

とにかくメンタル強くしたいんですが、どうしたらいいですか？

2021年 9月20日　初版発行
2023年11月20日　第5刷発行

著　者　下園壮太
発行人　黒川精一
発行所　株式会社サンマーク出版
　　　　東京都新宿区北新宿2-21-1
　　　　（電）03-5348-7800
印　刷　株式会社暁印刷
製　本　株式会社若林製本工場

ISBN978-4-7631-3926-9　C0030
ホームページ　https://www.sunmark.co.jp